追寻黑人奴隶的足迹

〔法〕戴海丝·达维森　口述
〔法〕提叶西·阿波西　撰写
〔法〕克利斯提昂·艾利施　绘
李园园　译

人民文学出版社
PEOPLE'S LITERATURE PUBLISHING HOUSE

著作权合同登记：图字 01-2021-5060 号

图书在版编目（CIP）数据

追寻黑人奴隶的足迹 /（法）戴海丝·达维森口述；（法）提叶西·阿波西撰写；（法）克利斯提昂·艾利施绘；李园园译. —北京：人民文学出版社，2017（2025.7 重印）
（历史的足迹）
ISBN 978-7-02-012640-8

Ⅰ. ①追… Ⅱ. ①戴… ②提… ③克… ④李… Ⅲ. ①非洲－历史－儿童读物 Ⅳ. ① K400-49

中国版本图书馆 CIP 数据核字（2017）第 071776 号

责任编辑　卜艳冰　杨　芹
封面设计　高静芳
内文版式　李　佳

出版发行　人民文学出版社
社　　址　北京市朝内大街 166 号
邮政编码　100705

印　　制　上海盛通时代印刷有限公司
经　　销　全国新华书店等

字　　数　65 千字
开　　本　889 毫米 × 1194 毫米　1/32
印　　张　4
版　　次　2018 年 1 月北京第 1 版
印　　次　2025 年 7 月第 6 次印刷

书　　号　978-7-02-012640-8
定　　价　49.00 元

如有印装质量问题，请与本社图书销售中心调换。电话：010-65233595

追寻黑人奴隶的足迹

致帕特斯和他的所有朋友，

纪念那些已经了解和还在了解

有关放逐、暴力和侮辱的人类历史的人。

目　录

瓜德罗普岛
加勒比海
多米尼克岛
马提尼克岛
圣皮埃尔
罗亚尔堡
（又名法兰西堡）
圣露西岛
圣文森特岛
美国
坎佩切海湾
古巴
牙买加
圣多明各岛
加勒比海
南美洲

欧非美奴隶贸易地图

在 16 世纪至 19 世纪末期，大约有一千一百万名非洲男人、妇女、儿童被抓获，由欧洲商人的船只运送到大洋彼岸，被卖作种植园主的奴隶。奴隶贸易主要集中在安的列斯群岛、美国和巴西。

奴隶海岸：西非贝宁湾的历史称呼，因此地是大西洋奴隶贸易的主要奴隶出口地而得名。

被捕……

终于，在一棵**乳木果树**的树荫下，蒙佐决定坐下休息了。曼加拉呼吸急促，他暗自跟随哥哥转眼间已过了好几个小时。在干枯的草丛中艰难行走，他没让哥哥发现自己的行踪，只是当头的烈日让他难以忍受。十三岁的他，几乎和十八岁的蒙佐一样高。然而同哥哥相比，他的气力和耐力都要逊色很多。现在哥哥终于停下来，即使只休息几分钟，他也很开心。

到底发生了什么，让蒙佐在黎明之前悄悄离开了**领地**？头天晚上，蒙佐生气地从狩猎老师家回来，因为老师在捕狮计划实施的前两天突然取消了这次围猎。

“都是因为那个可恶的**祭司**！”年轻的蒙佐叫起来，“就是他告诉我们，请来的神灵说这次围猎会非常危险。我看祭司只是询问了一个跟他一样胆小如鼠的神灵吧！仅仅追逐羚羊，我无论如

乳木果树：乳木果是非洲特有的植物，含有丰富的油脂，可食用。

领地：是兄弟们和他们的妻子、儿女一起居住的地方。

祭司：指在宗教活动或祭祀活动中主持祭典的人员，拥有非常重要的地位。

何也成为不了好猎手！”

不幸的是，这番慷慨激昂的话他可是在母亲妮耶莉面前说的，母亲则在他的众兄弟姐妹面前毫不留情地指责了他。多丢人啊！不过，他的确违反了一条重要的法则：绝对不要违抗祭司或者长辈。总而言之，所有大人的话都要乖乖服从，连怀疑也不被允许。当然，通常来讲，大人们的话也不会有什么过分之处。只要还没到工作的年龄，**塞古**的孩子们都过着无忧无虑、自由自在的生活，不用去**学校**，也不用服兵役。

塞古：位于尼日尔河沿岸，现在是西非国家马里的一座南部城市。18 世纪时，它是一个强大王国的中心。

学校：这里指塞古的孩子们学习读书和写字的地方。

蒙佐是领主尼克罗的长子，他的母亲妮耶莉是尼克罗的第一个妻子。这个长相英俊的年轻人，有着健壮的身体和迷人的笑容，所有人都很喜欢他，从来不会引起任何怨恨。因此，他无法接受母亲的斥责。

这就是他除了从小到大贴身戴的护身符外，仅裹着一条缠腰布就离开的原因。当然作为一名真正的猎手，他也带上了自己的弓和涂了毒药的箭。此时，他从随身的小口袋中掏出一块高粱饼，而这令藏在暗处的曼加拉的肚子也开始咕咕叫了！如何是好？

无论平时他多么爱这个哥哥眼下都是徒劳，他甚至开始恨蒙佐了。接下来的一幕更让他始料未及！当他用目光搜寻能够充饥的东西时，在草丛里转来转去的身体摩擦干草发出了声响，引起了他哥哥的注意。只见哥哥纵身一跃站起身来，弓在手里，箭在弦上。曼加拉见状吓坏了，立刻举起手：

“不要，蒙佐，别射！是我，曼加拉！”

“曼加拉？你在那儿干什么？你跟踪我？”

“不是的，哥哥，我想跟你一起走。”

“你疯了！你想过你的**母亲**希拉么？她会急疯的！想想看这样会有什么后果！”

“那你呢？你就不用管父母的担心了吗？”

两个少年就像两只好斗的雄鸡一样对峙着。在旁人看来，没有人会相信他们是兄弟：哥哥身材高大，强壮，皮肤黝黑发亮；而弟弟曼加拉呢，则是一个**玻尔族**俘虏的儿子，他身材细长，身高和蒙佐一样，却很瘦弱，有着赤铜色的皮肤和杏仁般的圆眼。

母亲：非洲男人通常会有几个妻子，所以一个家庭里的孩子不一定是同一个母亲所生。

玻尔族：来自非洲的东北部的游牧民族。

最终，哥哥对亲兄弟让步了。他对弟弟有着满满的温情。他笑着拥抱曼加拉，试图说服曼加拉回去，但是

曼加拉却相当固执，什么都听不进去。将一个孩子拉进这场冒险，蒙佐心里很愧疚，却只好在曼加拉的跟随下又上路了。

当他们望见河畔村落的屋顶时，已是暮色四合，尼日尔河畔映照着夕阳的余晖。蒙佐加快了步伐，而曼加拉却拖着脚步尾随其后，与蒙佐渐渐拉开了一段距离。忽然，传来一阵簌簌声，使曼加拉一阵惊慌。他刚转过头，还没来得及看清是什么，就被当头一棒击昏在地。

当他清醒过来的时候，感觉头部一阵剧痛。然而，在他想要检查自己是否受伤时，却发现手脚被捆绑着，无法动弹。他轻轻地抬起头，借着清幽的月光，瞥见躺在不远

处的哥哥。哥哥看起来并不好，身上青一块紫一块。可以肯定的是，他也被捆着无法抵抗！但至少他还活着吧？

他身后传来一阵冷笑声：

“喏！我们可爱的小男孩终于醒啦！这样我们就可以离开了。”

另一个强壮的男人说：“再等一等。”

“无论如何，我们都会捞一大笔的！”

接着他们相互打趣，大声说笑着。惊恐万分的曼加拉为了听懂这些绑匪在说什么，他竖直了耳朵，聚精会神地听着。这是一种类似**玻尔语**的语言——这让他想到了自己的母亲，恐慌

玻尔语： 玻尔族的语言。

的心也稍有平静：她正在做什么？有人察觉到我们离开了吗？族人在找我们吗？从什么时候开始的？……可当他们自己都不知身在何处时，族人如何才能找到他们？然而，最令他不安的问题是：接下来，到底会发生什么事情？

一想到这些人专偷小孩，他的心就不断地下沉。他知道，小女孩和小男孩彻底失踪已是司空见惯的事：他们被抓去做了奴隶，因为年纪尚小，久而久之失去了家乡的记忆，于是对新的生活只好逆来顺受……然而，他瞥了下身旁的人，发现大部分俘虏竟然都是成年人，有男人也有女人。

当他身后的绑匪走远一点后，曼加拉尝试呼唤离他最近的俘虏。这个人盯着他看了一会儿，却一言不发地转开了头。

“他竟然听不懂我说的话！”年轻的小伙子意识到，“他讲哪种语言？来自哪里？”

就在这时，蒙佐动弹了一下。曼加拉终于松了口气！他的哥哥还活着，至少他不是一个人面对这一切了！他们离得太远无法窃窃私语，仅仅是眼神的交流，就足以赋予彼此勇气。

黎明，抓他们的人——来自北方的**摩尔人**，他们肤色较浅，因独特的服饰、长袍和头巾而易于辨认——分给他们每个人一份用葫芦盛着的米粥，然后强迫他们站起来。就在此时，曼加拉开始慢慢地打量这些不幸的同伴：所有的男人女人都筋疲力尽、目光呆滞，光着的脚丫几乎都在流血。他们被逼着一直赶路？从什么时候开始的呢？又到什么时候才能结束？有一些男人的肩头和颈部都是伤口。当曼加拉看到绑匪们把一段两头带有树杈的长树干绑在每个俘虏的颈部时，他明白了这伤口的由来：树干一端的树杈架住脖子，并用一根木棍卡死，而另一端则架在走在前面的奴隶的肩上。当轮到曼加拉时，他才意识到这种树干所带来的痛苦：当他被拉着走得稍快了点，树杈就会卡住脖子，使他透不过气来；为了避免再次被树杈卡住，他又放慢速度，然而这样的话，树杈又会拖拽住他的脖子，同样会压得他喘不过气来，以至于扑倒在地。而他的双手始终被捆绑在身后，对这一切无能为力。绑匪们一边帮他站起来回到自己的队伍，一边不停地辱骂和暴打。

摩尔人：非洲北部的居民，肤色较浅。

他们就这样被拿着鞭子、骑着马的人押送着，一整天都在赶路。蒙佐尝试了两三次想挣脱捆绑，但仍在勒紧的束缚中艰难喘息。夜晚来临，当队伍停下来休息的时候，尽管仍被绑着，蒙佐再一次试图逃跑，却又被痛打一顿，直到打得遍体鳞伤才被带回屋里，并且不准他出声。虽然看着蒙佐被痛打与羞辱对曼加拉来说痛苦极了，但蒙佐能回来已是极大的安慰。

两兄弟偶尔被绑在一起，他们趁此机会相互交流，相互安慰。蒙佐努力做好哥哥的榜样，尽可能地安慰弟弟，尽管他的内心被难以忍受的内疚感折磨着：曼加拉现在这样，都是自己的错！曼加拉则会提及一些有趣的回忆，让蒙佐时不时会心一笑。在如此糟糕的境遇里，回忆幸福对于年幼的孩子而言，成了唯一的精神支撑。一开始，在绑匪们威逼下的行进速度让他们精疲力竭，随后他们就慢慢习惯了。

然而，曼加拉完全不能习惯的是他的同伴们遭受的灾难。第一次，有一个人患了病，也许是中暑，也许是被虫或者蛇咬了，他无法支撑自己，最终摔倒在地。在绑匪们冷漠的注视下，他被自己脖子上的树杈给活活勒死了。曼加拉咬咬牙，想要强忍泪水，却失败了。他转过头，让眼泪悄悄流淌。

还有更糟糕的事：绑匪们俘虏了一位妇女和她的两

个孩子，一个看起来有六岁，另一个看起来只有三岁。可是不到两天的时间，那个一直把最小的孩子背在背上的妇女终于倒在了地上，显然她已经筋疲力尽。没人去帮她重新站起来，更不用说安慰了。于是队伍渐渐走远。曼加拉曾尝试着放慢脚步去等她，但他差点窒息。最可怕的是，那个六岁的小女孩在她母亲的鼓励下原本紧随队伍，但当母亲不再呻吟时，小女孩突然一转身，哭着跑回她的身边。有几个俘虏呼唤小女孩快回来，但也只是徒劳。她已打算去死，就像她的妈妈和弟弟一样，所有人心里都很清楚……

随后，很多像这样的“事故”频频发生，但是没有谁承受的打击像曼加拉那样沉重。经受了这一切，他感觉自己瞬间成长，已不再是孩子了。

他花了几天的时间从这残忍的事实中恢复过来，陷入沉默，并且开始自我反思。他不时寻思，他还年轻，他不愿就这样死去。

一行人越过沼泽，翻过高山，队伍越来越壮大。经过数千公里的跋涉之后，他们遇见了第二条河——塞内加尔河。“沿着这条河，就能到达目的地。”这是曼加拉从绑匪的对话里听到的。自从他被捕，对于绑匪的语言，他已在不知不觉中掌握了不少。对于其他俘虏的语言，他也渐渐都能明白。或许是因为精力过于充沛，又或许是早已习惯两种语言萦绕在耳畔——一种是**班马纳语**，另一种是玻尔语，没过多久他已经能够与所有人交流。和其他人不同，甚至与他哥哥不同的是，他不再被孤立，而是能够和所有奴隶交流，并能听懂绑匪们的谈话。

班马纳语：塞古地区的主要语言。

这样的赶路持续了几周时间，他们到达一个和塞古完全不同的城市，一个很大的城市：他们来到了圣路易斯，远征终于结束。

18 世纪末的西非：非洲的西部地带驻扎着众多民族，这些民族都有自己的主要经济活动，有的游牧，有的农耕并从事家庭手工业，有的从事商贸活动……

参与黑奴贸易的王国

奥约王国、达荷美王国、阿散蒂王国都加入了这笔生意。该地区的所有自由民随时可能沦为奴隶。

贝宁城，古贝宁王国的首都

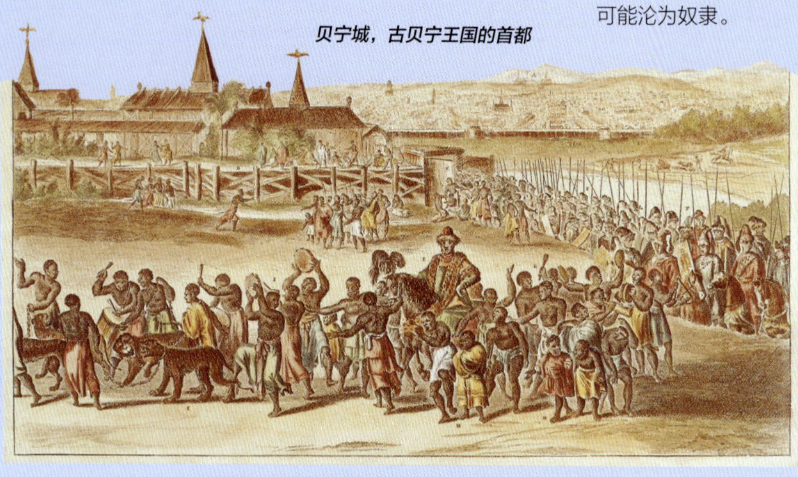

“蒙佐生气地从狩猎老师家回来，因为老师在捕狮计划实施的前两天突然取消了这次围猎。”

贸易组织

在非洲西部，不同民族之间的战争使得某些王国和帝国得以诞生。战胜方强迫战败方为其提供奴隶。阿拉伯的穆斯林地区（自 7 世纪以来）和欧洲（自 15 世纪以来）都需要奴隶。因此，非洲的奴隶贸易组织利用各种手段（如购买、绑架、袭击村庄）来向阿拉伯和欧洲的奴隶贩子提供奴隶，并以这种贸易来增加自己的收入。

游牧者

他们饲养动物，逐水草而居，用牲畜与村庄里定居的农民交换粮食和其他生活用品。

河流

在非洲西部，聚居地之间相隔甚远，众多商人通过水运将这些地区联系起来。

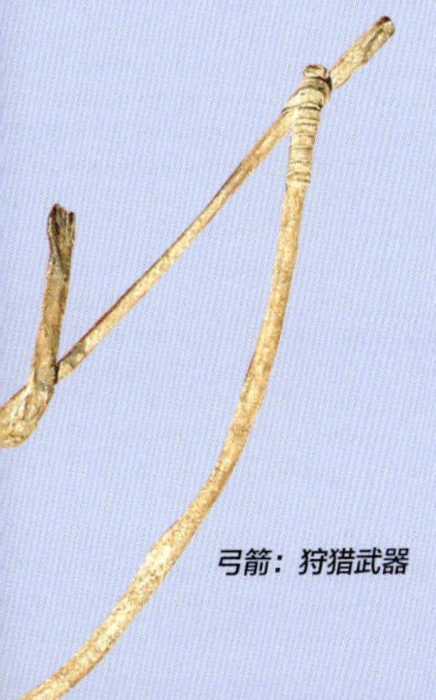

弓箭：狩猎武器

狩猎

在难以耕作的地区，狩猎是居民获得食物的重要途径。这些地区的动物种类繁多，有些还很危险。用最简单的工具去战胜猛兽，是对自己勇猛无畏的一种证明。

尼日尔河上的马里商船

游牧者饲养的瘤牛

马里的农业村庄

被贩卖

当俘虏们穿过城市来到港口，眼前的场景使他们目瞪口呆。马车、高高的木屋、各种肤色的人（黑皮肤、棕皮肤和白皮肤），还有各种样式、各种颜色的服装……短暂的休息之后，又一场巨大的灾难将降临在他们身上。

在得知那些人已把他们转手后，俘虏们被小船载着快速地穿过河面，随后被塞进了一幢石头建筑里。有人用鞭子抽打他们，让他们分开，男人从这边进，女人从那边进，孩子（当然是那些存活下来的）站在右边，年纪大一些的在左边。

看着此情此景，曼加拉向所有神明祈祷，希望自己能与哥哥在一块。毫无疑问，神明听到了，因为那个**混血**领队犹豫了一会儿便把他归到了年轻人的队伍中，而不是小孩的队伍。

混血：通常父亲是白人母亲是黑人，而相反的情况比较少。

这样他就可以和蒙佐待在一起了。曼加拉还注意到，新领队故意把来自一个家庭的人分开。“幸亏我们长得不像。”曼加拉心里暗想。俘虏们被赶到一个半开的棚子里（更确切地说，是被扔进去的）：两面墙组成了一个夹角，另外两边间隙均匀地竖着粗大的柱子，墙上和柱子上都钉着大铁圈。不用多想也知道这些铁圈是干什么的。事实上，俘虏们被手铐和链子拴得很紧，几乎连坐下来都很艰难。

大部分人被束缚着，显得非常顺从，不再对自己的将来抱有希望。然而蒙佐和另外三个人却显得十分暴躁，在被捆的时候他们仍奋力抵抗，直到被鞭打才不得不妥协，但他们始终保持着警惕，随时准备趁守卫不注意的时候逃走，哪怕机会非常渺茫。然而，守卫就在门前，虽然他们的肤色和俘虏们一样，但他们持枪巡岗，毫不松懈。至于曼加拉，他正在克服恐惧，并想法让哥哥先平静下来：

“你知不知道再这样下去他们会杀了你？”

“那也比现在强得多！”蒙佐做了个鬼脸，他的嘴唇裂开了，右颊肿得老高，右眼连睁也睁不开。

“你已经准备要把我抛弃在这里了！”

蒙佐不再说话，他意识到自己触碰了弟弟敏感的心弦。曼加拉则有一点后悔说出这番话令哥哥内疚。

于是他补充道："公然反抗没有用，他们比我们强大。但他们的戒备总有松懈的时候，过一阵子，我们或许可以做点别的尝试。"他这样说也是为了让哥哥重拾希望。

曼加拉对此充满信心。和弟弟相反，蒙佐离开塞古越远就越颓废，而曼加拉却变得愈发勇敢。曼加拉的母亲只是父亲的一个**妾**，一个毫无价值的俘虏，曼加拉在家族里没有蒙佐那样的地位，他年纪轻轻就懂得屈服命运并努力生存。正因为此，他总是格外关注周边的情况，并试着从中获取哪怕一丝一毫的信息。

在他们到达的第二天，看守们让他们到院子里去。他们挨个被扒光，然后被带到一个戴着大帽子的白人面前。曼加拉强忍着内心的厌恶和耻辱感，顺从地脱下了衣服。那个白人上下摸了摸他，让他张开嘴巴、抬起胳膊、分开腿。这个年轻的小伙子觉得自己不再是一个人，而成了一头畜生。

曼加拉了解他的哥哥，因此也能理解他的反抗。这番检查过后，一个**萨拉科尔**人、一个**豪萨**人被送到了其他地方。但送到哪里、送去干什么，没人知道。细细想来，他们有一个共同点，那就是都很难再经历

妾：没有正式与男人结婚却生活在一起的女人。

萨拉科尔、豪萨：是西非的两个民族。

奔波了。第一个人已经精疲力竭，瘦得只剩皮包骨，连吃饭的劲儿都没有；第二个人的腿上布满脓疮，早已是寸步难行。这两个人的身体状态太差，显然卖不出去。这群奴隶贩子将会怎样对待这两个人？他们会得到治疗吗？还是会像病牲口一样被解决掉？这些问题折磨了曼加拉很久，但他永远也不会知道答案。

自此，时不时有人用大桶冲洗他们，并且让他们每天必须漱口、洗眼睛。曼加拉明白这是因为如果他们身体健康的话，就会卖出好价钱。“被卖掉”，他很早就这么猜想，但是会卖给谁呢？

他还注意到，自从他们来到这个大棚子，他们吃得好多了。这样很好，但是，为什么呢？那些人不会是出于善心，因为他们仍然时时被鞭打。他想起了他最近听到的一场骇人的谈话。看守们互相说笑的时候提到了“吃人的白鬼”。如果这是真的，难道那些人是要把俘虏们喂得肥壮，然后卖给那些他们在圣路易斯见过的白人当食物？

这个猜测让曼加拉很长一段时间内都吃不下、睡不着。但是他决定向蒙佐隐瞒一切，因为他知道哥哥和自己一样无力，说出来也是令他徒劳地受折磨。

随后有一天，在一次特别认真的“清洁”之后，那些人在严防之下把他们带到了一个已经聚集了很多俘虏的地方，那些俘虏和他们一样赤裸着、被捆绑着。正当曼加拉和蒙佐试图搜寻出他们认识的人时，一群年轻女孩吸引了他们的注意。其中有一位非常出众，很久以来蒙佐的嘴巴都没有像此时这样绽开了。女孩娇小瘦弱，看上去非常年轻，同时因为害羞，她始终低垂着双眼。然而一瞬间，她抬起了眼睛，闪亮的目光旋即碰上了年轻人的眼神。但还没等蒙佐给她传递任何信号，她又垂下眼了。曼加拉注意到了这个简短的交流，同时感到了一丝嫉妒。

这时候来了几个白人，身边跟着浅肤色的混血黑人

和按白人服式着装的黑人，他们领着白人穿过俘虏们。然后白人落座，俘虏们在白人面前一字排开。同样的检查又开始了，还是那样的屈辱，这回轮到蒙佐垂下眼睛了，他无法面对这个让他如此喜爱的女孩。女孩也一样，不看任何东西也不看人。曼加拉和其他俘虏也是如此。只有白人的助手们在认真地检查他们，偶尔会嘲笑他们笨拙的姿态或者开一些粗俗的玩笑，但是更多时候他们都在一本正经地算计着什么。

之后，白人首领选中的俘虏全部被带走，蒙佐和曼加拉都在其中，那个女孩也是。他们在路上看到了她。

离他们稍远的地方，一些人在闪着红光的火盆前忙碌。很快，传来一阵阵痛苦的叫喊声，那声音足以撕碎灵魂。为了让骚动的俘虏们安静下来，有人将鞭子甩得呼呼作响。每个俘虏都被迫跪在火盆前，和他们悲惨的同伴一样，曼加拉和蒙佐闻到了肩膀上被烧红的烙铁灼伤的味道。那些人用烙铁给他们做标记，连孩子也难逃此劫。

几小时后，被捆着的队伍开始行进，这次押送他们的是持枪的白人。队伍里的男人和女人只知道塞内加尔河或是**焦利巴**，它们虽然也算宽广，但是大海那惊人的浩瀚，

焦利巴：尼日尔河沿着其河岸有几个名字，上游叫作焦利巴，马林客语意为“大河”。

还是使这些人退却了几步。窃窃私语声和尖叫声沿着长队传开，这时队伍开始时而突然前进，又时而突然停顿，鞭打也不再起作用：他们就要这样离开非洲了！所有的恐惧都重新涌现，曼加拉意识到自己不是唯一听说过“吃人的白鬼”的人。

在那些人让他们登船的时候，情况变得更糟糕了。首先上去的是男性，为了控制他们，队伍里最强壮的男人被一个连一个地绑着。但是，他们中的两个人被绝望逼疯，不顾与他们同在一条绳索上的同伴，纵身跳入了大海。当曼加拉看到被拴住的蒙佐也被拖进海里快淹死时，他失去了所有的冷静和理智，大喊起来。两个白人用长杆忙着捞人，第一个“**跳水员**”和蒙佐被及时救起，但另外两个人却来不及救，眼看着他们挣扎、沉浮，最后消失在水中。

自杀者被认真地捆好，晚些时候他一定会受到惩罚。其他人被领上了等在**抛锚处**的大船，随后被粗暴地扔进了船里。船舱非常大，一批又一批的俘虏被推了进去。但是天花板太低了，他们只能四肢着地爬着走，就这样也只是刚好碰不到头而已。此外，离窗洞越远

跳水员： 即第一个跳海的人。

抛锚处： 当水不够深，不能停泊在港口的时候，海上抛锚处可供船只抛锚停泊。

就会越感到四周昏暗可怕。后进来的人不得不远离窗洞，因为先来的人早就占据了窗洞四周，不肯挪开。曼加拉像一只搁浅的小船靠着一个躺在旁边的人，并且他马上感觉到了身后的人也同样倒在了他身上。他们刚刚找到“属于自己”的位置就感觉到脚踝又被扣住，镣铐发出令人恐惧的咔嚓声。可这时蒙佐不在身边！曼加拉努力地寻找他那高大的身影，但还是白费力气。他的悲痛与时俱增。

终于，船舱的活板打开了，他看到哥哥蒙佐被捆得结结实实，像个小包裹一样被一根绳子从活板口放下来。其他试图反抗的人也都“走这条路”，依次被船舱里的黑暗吞没。水手们一完成任务就攀向出口，随即又重重地合上活板。

欧洲人的美洲殖民地很需要奴隶作为劳动力，这点毋庸置疑。为了从非洲商人手中得到奴隶，他们用其他产品做交换。

拉罗谢尔港，一个奴隶贸易港

贸易珠

贸易珠

贸易珠一般是从印度洋收集来的贝壳，甚至是一些玻璃饰品，这些东西对欧洲人来说没什么价值，却能换来奴隶，这些贸易珠在非洲被当作货币。

南特某黑奴贸易商的标志

产于欧洲售往非洲的军刀

“当俘虏们穿过城市来到港口，眼前的场景使他们目瞪口呆。”

三边贸易

这条贸易线路是跨多国的。装载着货物的欧洲商船首先到达非洲，用货物交换奴隶后，将奴隶贩往美洲，最后运载在美洲换回的货物返回欧洲。我们管这种贸易叫作“黑奴贸易”或是“三边贸易”，因为它联通了欧洲、非洲和美洲。

出发

被俘的奴隶首先集中在围墙围起的猪仔馆（此处指暂时关押黑奴的场所）里，那里也是进行奴隶交易的场所。为了装满货船，必须等一到四个月，随后被卖掉的奴隶就被装上开往美洲的船。塞内加尔河近岸的戈雷岛上筑有专门的堡垒，以保护黑奴贸易的商船。

欧洲港口

参与这种贸易的港口，不仅有法国的（比如南特和拉罗谢尔），也有葡萄牙的、英国的、西班牙的、荷兰的。在1500年至1850年间，欧洲商人有组织地贩卖了大约十一万非洲奴隶到美洲。

戈雷岛上保护奴隶贸易的城堡

通向未知地

首先是一片沉寂，他们好似已经死亡，葬身坟墓。随后，他们听到了头上细碎的脚步声，同时，在水手的喊叫声中又渗出带着哭腔的窃窃私语声——毫无疑问，妇女儿童在他们之后也被装上了船。

随后男人们开始用各自的语言呼唤他们，各种**土语**交错，豪萨语、马林凯语、约鲁巴语……每个人都试图找到同村或同族的伙伴。耳朵灵敏如曼加拉，也无法理清这团嘈杂。黑夜隐藏了他们的身影，掩盖了他们的羞耻，于是他们中最绝望的一些人开始啜泣。那些坚持希望的人首先平息了自己的恐慌，然后试着和身边的人一个个说话，却没有得到什么回应。商人们干得很漂亮，他们把一家人分开，让他们各自承受着绝望而毫无反抗之力。

土语：指非洲各民族或种族自己的语言。

突然，惊叫声、号令声、金属撞击声齐发，船也晃动得更剧烈——出发了！“货物们”再次开始哭泣或叫喊。曼加拉觉得自己被一种新的恐惧所占据：船出发了，朝着未知的目的地前进；俘虏们靠得如此紧，一个几乎贴着另一个，散发的热气足以令人窒息；这一大群惊恐的人所汇聚的气味，让人头昏脑涨。这一切都使曼加拉很难受。他被这气味折磨着，强忍了很久还是吐了出来，一半吐在自己身上，一半吐在旁边人的身上。当他呕吐的时候，他知道了这气味的来源。几小时后，整个船舱到处都是呕吐物，散发着臭气，人们不敢再看旁边的人，也不敢再说话。但是那些靠近西边船舷的人一直从缝隙眺望船外的非洲海岸，因此他们还没有彻底绝望。

两天之后，商船又停泊下来。俘虏们每次只允许一人上甲板透透气，值班的水手增加了数量，而且换班的时候更加警惕。这次似乎要永远停驻下去一样，曼加拉慢慢地不再感觉到时间的流逝，除了做梦，他没有任何事情可做。他的精神渐渐地和身体分离，带着他飞向塞古。他已经闻到了妈妈希拉做的饼的味道，没有人比妈妈做得更好吃。他还听到了妈妈温柔的声音，以及那些童年时妈妈为他唱的摇篮曲。突然，那声音变了调，原来是曼加拉自己在哼唱。蒙佐呼唤他的声音让他停止幻想。此外，曼加拉不是唯一的歌者，歌声从他身边升起，人们用沙哑的嗓音哼唱着，以此减轻一点心里的痛苦。

他们的精神不再属于肉体，一起选择了逃离。所有人都觉得自己已经疯了。

船依然停驻在那里。在严密的看守之下，俘虏们被一个接一个地带到甲板上。当曼加拉和其他俘虏重见天日的时候，那光明几乎刺瞎了他们的眼睛，好像令他们全身麻痹了一样。白人们用大桶大桶的水使他们清醒，毫不犹豫地用**甲板刷**抽打他们赤裸的皮肤。此外，由于俘虏们没得到足够的活动，那些人就让他们随着鞭子的节奏“起舞”。

甲板刷：一种长扫帚。

随后又是等待。直到有一天，一些新的女俘虏上了船。商船再次起航，但依然没有离开非洲海岸。还没有完全绝望的俘虏们开始尝试和其他人沟通。

他们偷偷商量一些计划，曼加拉有时候会充当翻译，但他认为此时黑人的力量太弱，还无法战胜白人。

就这样，他们历经了数次停泊、数次起航，每次都有新的俘虏加入。

随后有一天，商船远离了非洲海岸，就连最坚定的人都开始害怕：

“现在必须采取行动！否则就太迟了，再也回不到祖先的土地了。”

一个高大的约鲁巴人，他是策划者之一。有一次，他在从甲板回舱的时候，奇迹般地捡到了一把水手丢在那里的刀。

他成功地挣开了捆着他的铁锁链，随后又帮其他几个脱身。当负责送饭的水手们顺着陡峭的台阶下来时，他们被眼前的一幕惊呆了，还没来得及反抗，其中一人就被解决了。但是另外几个人立刻呐喊起来，叫着救命。反抗者们即便有一把刀，即便人数众多，可是面对枪口，他们又能拿什么去抗衡呢？

法国水手一死两伤，都是一开始被俘虏们扣为人质的水手，而黑人俘虏却死了十余人。白白地丢了这么多“货

物”，无疑让船长狂躁不已！但这并非对所有人都是损失：船周围的鲨鱼可以大快朵颐了……

船长不会对此无所作为。总有几个俘虏屈服于白人的暴力，告发了带头的约鲁巴人和他最坚定的跟随者。他们被吊在大**桅杆**上接受鞭打，直到带头人被活活打死。而剩下的人，也仅剩半条命，为了让他们彻底断了逃跑的念头，他们还要忍受同伴所施加的酷刑折磨。

桅杆：支撑大帆的高大柱子。

事情经过就是这样。此后，船舱里剩下的人都变得规规矩矩。看守们会定期给他们进行一次粗暴的清洁，

虫：此处特指人身上的寄生虫。

每当这时，水手们会往船舱里洒醋，试图驱**虫**和除味。除了可以稍微活动一下僵硬的关节之外，俘虏们也从中得不到什么好处。时不时有人因为病重站不起身，或是绝食成功饿死了自己，又或者是咬舌自尽了。航行就这样继续着，船舱里腐烂的食物和腐臭的积水让更多人生病。与此同时，时间一分一秒地流逝，无情地流逝。

船舱上一层的妇女儿童早已不再碎步走了。夜晚时分，如果风不是很猛烈，也没大浪拍击船板的话，偶尔可以听到咒骂声和哭喊声。那些还没有完全失去意识的男人们心里知道，这是那些毫无抵抗之力的妇女和女孩因被水手凌辱而哭泣。但是，他们中的大部分人并不为她们担心，因为他们已经自顾不暇。

后来，鸟叫声预示着陆地接近了。他们快靠岸了！但是，这是到哪儿了？一些人从这场长长的梦魇中苏醒过来，另一些人则彻底迷糊了。但是当他们登上陆地的时候，他们已经几乎失去了在平地上保持平衡的能力，阳光和鸟语花香差点让他们变得又聋又瞎。难以置信，他们还活着！

他们再次被关押起来，在新的牢房里，墙壁换成了一些间隙很小的柱子。和曼加拉分开了的蒙佐在另一个

隔间里看到了一个身影，他差点没认出她来。正是曾经的那个漂亮的黑眼睛姑娘，她现在已经骨瘦如柴，身体弓向**圆滚的肚子**。当她抬起眼睛的时候，蒙佐简直为她感到心碎，她的双眼浑浊而晦暗，似乎看不见任何东西。蒙佐扫视了一下他身边衣衫褴褛的人们，任何曾经友善相待或相伴而行的人此时此刻都没法再认出彼此。他们都瘦了许多，皮肤被脓包覆盖，有的人身上还有大块的粉色疤痕，简直失去了人样。

圆滚的肚子：由于腹部积水。

和在圣路易斯港的时候一样，他们的看守会让他们重新恢复人样。他们给俘虏们提供航行中所缺乏的食物：水果、蔬菜甚至是鱼和肉；他们挨个地强迫俘虏们活动、跑步，以此锻炼他们沉睡的肌肉；他们为俘虏检查伤口，漫不经心地为他们治疗。

随后有一天，在一次更细致的清洁之后，有人在他们身上抹橄榄油。曼加拉瞥到了蒙佐，并且满怀欣赏地端详他——在重重考验过后，他依然英俊强壮，肌肉的形状展现在他黝黑闪亮的皮肤之下。可惜的是，鞭刑在他的背上留下了道道伤疤……蒙佐自己也没意识到，即便他的身心都经历了如此可怕的航程，他的身体也依然极其健美。

他们被带到了另一个市场，而两兄弟的眼神却从没离开彼此。一群人激动地向这些非洲人奔来。其中当然有白人，也有一些混血和极少的黑人，大部分都是男人。他们仔细地检查“货物”，与船长和副官们激烈地讨价还价。

好几个购买者在蒙佐前面停了下来，但是由于蒙佐背上的伤疤，他们最终还是纷纷放弃：

“这头不怎么好！他给我带来的利润还不够我烦的呢！”

“才不是，”卖方辩解道，“班马纳人很会种地。他很壮实，而且他受的鞭子已经教会了他要服从。”

这番话在曼加拉听来，完全是不同的意思：

“他是这批奴隶里面最出色的一个，年轻、壮美，还会说几句法语呢！”

两兄弟被不同的买主带走，两人心中已暗自诀别。蒙佐被一个态度轻蔑的混血带走，曼加拉的买主则是一个戴着单片眼镜的白人。但是他们在同一条路上重逢了，混血买主驾着车，而白人买主坐在一辆精致的敞篷四轮马车上。他们两个现在同属于一个主人——德·圣布里斯先生，但还是分道扬镳了，一个被派去种田；另一个跟着主人向主人的房子驶去。

横渡大西洋：在雨季中的艰苦航行持续了约两个月。因为雨季航海更容易，所以商船大多在此时出海。商船船长们总是尽可能装下更多的奴隶，并不在乎船是否超载。在安全送达“货物”的前提下，他们会想方设法将成本控制到最低。

甲板上的反抗

反抗

商船远离非洲海岸之后，很多奴隶都想跳海自杀，在航行途中也有一些人会起来反抗。为了防止俘虏们联合起来，一旦他们没被绑在一起，一举一动都会受到严密监视。

途中食品

为了维持水手们和奴隶们的生计，商船的底舱存放着储存食品和水的大桶。（平均每艘船上约有四十个水手和四百至六百名奴隶。）

“突然，惊叫声、号令声、金属撞击声齐发，船也晃动得更剧烈——出发了！”

商船的货舱

为了运送尽可能多的奴隶，必须把他们排列好，以避免浪费空间。奴隶们被两两绑在一起，男人和妇女儿童分开。在甲板舱里，每人约占据八十厘米高、四十厘米宽的空间，舱内十分昏暗且空气难以流通，回程时的货品也被装在这里。

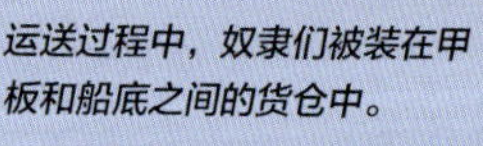

运送过程中，奴隶们被装在甲板和船底之间的货仓中。

在甲板上跳舞的奴隶

黑奴贸易商船平面图

手镯式镣铐

这种镣铐能有效束缚奴隶的双手，又不容易伤害他们的皮肤，可避免奴隶因皮肤溃烂而致残或致死，减少了损失。

途中的生活条件

为了使奴隶维持良好的身体状态，会为他们提供用橄榄油和辣椒调味的大米、木薯和小米；每周用醋清洁一下船舱，同时还让他们活动，比如擦拭或者打扫甲板，甚至会让他们跳舞。

奴隶镣铐

种植园的生活

德·圣布里斯先生的马车改道驶向他占据市区中心位置的美轮美奂的房子。这时，混血买主刹住了大车，并对着曼加拉大吼，命令他好好跟着主人。

蒙佐用冷漠的目光看着跟在四轮马车后面跑的年幼的弟弟消失在转角处。他的心已经在胸膛里凝结成了冰。然而，悲伤还不至于要了人的命。

眼前尽是广阔的田野，这里的作物比非洲的更高更绿，蒙佐张着空洞的眼睛却无视一物。渐渐地，茫茫田园慢慢闯入了他的脑海，因为一段时间过后，他终于感觉自己呼吸到了新鲜的空气。他思索道：“塞古的贵族不是农民就是猎人。如果在田间劳作，至少不会太不体面。但是曼加拉，他究竟要在主人的屋里做什么呢？这些本该是女人的活计啊……”

混血买主的厉声呼喊让蒙佐停止了思考。他们来到了一处小草屋聚集的地方，一位上了年纪的人小心翼翼地从其中一间草屋里探出头来，混血买主马上对他喊道：

“哎，老头儿，既然你在，那你跟这个黑家伙说说这边生活，还有，和他解释一下那些狗……”

混血买主逐渐走远，老人于是步履蹒跚地向蒙佐走来，一言不发地把蒙佐带到一间土制的小屋里，然后让他在自己的面前坐下。蒙佐觉得这个人似乎怀有善意。他不是非洲人，因为他脸上的印记并不属于非洲任何部族的**图腾**，但他好歹是黑人，而且他布满皱纹的眼睛似乎在微笑。

在一阵长久的沉寂和打量之后，老头儿开口了。他拍打着胸口，蹦字一般地向蒙佐解释道：“我，老头儿。以前我叫欧也尼，现在，我叫老头儿。”

蒙佐听出了一丝讽刺的意味，但不很明白。

老头儿拍着蒙佐的胸膛问他：“你呢？”

蒙佐花了一点时间才搞懂问题并回答了他。

“蒙佐，”老人重复道，“这是个**刚果**名儿，这名儿，不是基督徒的名字！”

一位看起来很冷漠的上年纪的女人

图腾：这里指一种皮肤上的切口（特别是面部皮肤），是人为造成的永久性伤疤，有时会用辣椒染色。在非洲，这些图腾是种族的标志。

刚果：出生在美洲的黑人用刚果指代非洲。

给他送来食物：一碗很辣的汤和一小块肉。此外年轻人还可以吃新鲜水果，老头儿假装无所谓地看着他。

“这个，是为了让你有劲儿，”他向蒙佐解释道，“他们需要你的力气。”

老头儿正大吃特吃他的食物——面粉和鳄梨调成的泥——这时的他默默地笑着，露出一张掉光了牙齿的嘴巴。

老头儿走后，蒙佐明白了那个小空屋是他的，屋后还有一个小园子。他明白没人会照顾他，除了他自己。此外，那个老人也不能再给他什么忠告，因为他自己也一无所有。

年轻的蒙佐在空屋里躺了下来，对未来的焦虑和对过去的怀念无情地吞噬着他。

当奴隶们从田间归来的时候，一些人即使筋疲力尽也会来和他打招呼，或者走近看他一眼。“我就像一头奇怪的牲口。”他想。大部分奴隶都不是非洲人，即使是非洲奴隶，也都不说班马纳语。即使他从某些人那里感受到了一丝同情，但蒙佐依然觉得很孤独。

随后到了周日。蒙佐和同伴们来到**教堂**前。他高兴了一阵子，因为他在主

教堂：安的列斯群岛的法国移民是天主教徒，他们让奴隶们也皈依了天主教。

人房的奴隶队伍里，看到了曼加拉就站在头几排的中间。那些奴隶衣着讲究，很好辨认，走到哪里都像一道亮丽的风景。但很快，蒙佐就感到特别的无助，他只能靠手势和几个词和别人交流。此时此刻的蒙佐，在失去了故乡和家园之后，又失去了自己的名字。他被赐名为“克里斯多夫”，而他弟弟则是“塞缪尔”。

后来，有一天早上，克里斯多夫－蒙佐被托瓦纳的叫声从睡梦中惊醒，也就是他到达第一天就见过的那个混血买手。托瓦纳是种植园的监工，他认为克里斯多夫休息得够久了，应该开始干活了。

这个首领究竟是什么样的人呢？残暴吗？得对他多加留心吗？蒙佐的内心七上八下。而其他的“看守”就一目了然——众多恶犬一边试图摆脱它们的铁链，一边狂吠。

当他们到达甘蔗地，太阳才刚刚升起。绿荫之上，鸟儿们挥动洁白的翅膀。正是收割甘蔗的时节，有人递给了克里斯多夫一把锋利的刀，让他和其他人站成一排，然后他们开始行进。随着奴隶们的胳膊有节奏地挥来挥去，甘蔗一根根倒下。非常有节奏……差不多就是这样。一个小时不到，克里斯多夫已经比其他人落后了一米多，那些跟在他身后负责把甘蔗码整齐的妇女也对他没有好脸色。他的肩上挨了一鞭子，这使他猛地直起身，眼底含着仇恨的泪水。但那些恶犬恨不能扑到他身上，似乎马上就要挣断脖子上的绳索了。第二鞭抽下来，他又低下头加紧他的工作。

就是这样的工作！他想，再怎么奴役也不能不把人当人啊！太阳在天空中爬得越来越高，汗水在背上、额头上流淌，或从眼前滴下。被仇恨折磨的克里斯多夫，却想起了教他用棕榈叶编帽子的老头儿。尽管克里斯多夫背痛不止，胳膊也僵硬，但他成功地跟上了众人。因为他感觉到托瓦纳的鞭子一直在背后伺机而动，克里斯多夫不想再给他抽自己的机会。渐渐地，他感受不到疼了，甚至什么也感受不到，他已经变成了一台机器。

割完第一块地的甘蔗时，已经是中午。克里斯多夫任由自己倒在地上。但其他人纷纷冲向黑奴的小屋，因为要回去准备自己的食物。只有奥克塔夫和尼凯斯走过来，见他这样就一起把他拖走了。这两人跟老头儿一样，对他还算关心。他没什么东西可吃，因为他的小园子还没结出东西来呢。他的女邻居欧拉莉，对这个高大的黑人小伙既同情又生气，认为这个大傻瓜总和别人不一样。她毫不温柔地把他领回家，又让他在自己的两个孩子身边坐下，给了他一点山药泥和烧得很辣的四季豆。这些食物缓解了他的饥饿，但是平息不了他的恨和绝望。

人们可以用眼神和手势交流，但是对这个年轻人来说还不够。鞭打、伤痛、孤单、蔑视和无尽的劳累，使他越来越无力承受。昔日的猎手、非洲族长的儿子蒙佐，瞧不起今天的奴隶克里斯多夫。欧拉莉的微笑、奥克塔夫的歌声都没法让他得到安慰。塞缪尔－曼加拉很难见上一面，似乎连他也变得陌生了。

时光流逝，克里斯多夫再没抬过头。从田地到**磨坊**，再从磨坊到田地，生活一成不变。他一干完活就躺在地上。蒙佐现在只有一个愿望：早日去见神明和祖先。而克里斯多夫正在用饥饿和劳累慢慢杀死他。

磨坊：将甘蔗磨碎以提炼蔗糖的地方。

生活就这样一天天过去……

一天晚上，一个年轻的非洲女孩哭着逃进了他的小草屋。一位新来客，这是巧合？还是她听从了什么人建议？是谁把她送到这里来的？尽管她的话语不时被啜泣打断，但他还是听懂了，她说她不想再当男人们的玩物了，管他黑人、白人还是黄种人……这时，他意识到了

女孩说的是班马纳语！那些词语哪怕很细碎，甚至还伴随着粗鲁的吸鼻涕声，但在他听来，都是最温柔的音乐。他内心的深处忆起了班马纳语的旋律，忆起了小时候母亲妮耶莉的轻声细语。他温柔地安慰着这位来客。苏鲁古并不是很漂亮，但她有一双与众不同的大眼睛和鲜艳的嘴唇……

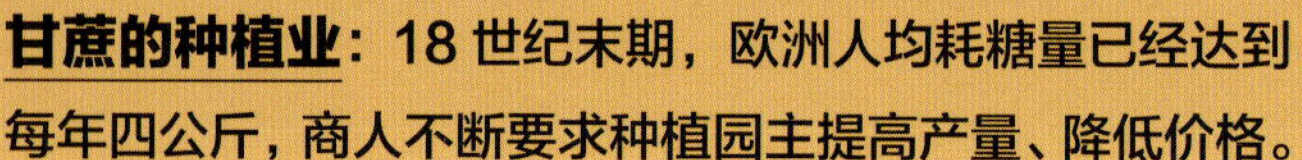

甘蔗的种植业：18 世纪末期，欧洲人均耗糖量已经达到每年四公斤，商人不断要求种植园主提高产量、降低价格。

新的产糖地

在十字军东征时期，地中海沿岸就是著名的产糖带。自 1505 年开始，哥伦布将蔗糖引入圣多明各岛，安的列斯群岛很快变成了“糖岛”。

手工收割甘蔗

“当他们到达甘蔗田，太阳才刚刚升起。绿荫之上，鸟儿们挥动洁白的翅膀。”

甘蔗种植园

为了发展种植业，种植园主们开垦土地，建立种植区。种植甘蔗对劳动力数量和资金数额要求都很高，因此，该产业急需廉价的劳动力。

甘蔗

制糖厂

为了产糖，最初的制糖厂应运而生。动力是风车或水车。每项步骤都在不同的厂房内进行。

瓜德罗普的制糖厂

糖的制造

首先研磨甘蔗，得到含糖量百分之十至百分之二十的汁。在锅炉中被加热至沸腾后，甘蔗汁就变成糖浆，糖浆脱水干燥之后即成白糖。

蒸馏酒

为了酿制朗姆酒（一种酒精含量较高的酒），甘蔗汁要经过发酵和蒸馏。

朗姆酒蒸馏作坊

糖块

主人的大房子

当曼加拉来到这间大房子门前的时候，他转身回望，载着蒙佐的大车已经不见了。他呼吸急促、内心慌乱地跟着主人进了门。主人立刻把他交到了一位前来迎接他们的神色严厉的老妇人手里：

“喏，妮可，试着把他弄得像点样。”

还没等曼加拉搞清楚发生了什么，他已经蹲在浴盆里了，在妮可的目光之下，他尽可能遮住自己赤裸的身体。她粗鲁地为他擦拭身体，剪掉他短而卷曲的头发，最后给他穿上了一件和市场里白人一样的衣服。那衣服看起来很奇怪，而且尺寸过紧。

就这样，穿着奇装异服的曼加拉被牵到了一个大厅里，里面的各式家具、物品他都不知道用途。大厅中间站了一位白人妇女，粉色的双颊、黄色头发，非常瘦，倒显得妮可圆滚滚的。

“到这边来，”她温柔地说，“转个身，让我好仔细看看。”

“维克多，对孩子们来说，他的年龄不大了点么？”她又对刚回来的丈夫说。

种植区：包括主人的屋子、奴隶的茅草屋、土地和磨坊。

维克多·德·圣布里斯很幸福，他是这片**种植区**和所有在此工作的奴隶的所有者，他很高大，还有一些胖。他看起来很满意曼加拉。

“不会的！”他答道，“我觉得他不超过十四五岁。他长得不丑，还会说点法语。而且他看起来很隐忍、很顺从，孩子们想跟他怎么玩就怎么玩。”

“好吧，”露西·德·圣布里斯同意了，“孩子，你叫什么名字？”

“曼加拉。”

“多么野蛮的名字！得给你取一个基督徒的名字。亲爱的，你觉得‘塞缪尔’怎么样？”

但是德·圣布里斯先生此时已经离开了房间，两个年幼的小男孩闯了进来。夏尔和雨果，一个八岁，一个五岁，他俩向着曼加拉跑来，曼加拉害怕得后退了几步。两个孩子被逗乐了，假装去抓他们的奴隶，搞得他团团转。

“他叫什么名字？”

“他很漂亮。”

“妈妈，我们可以把他带走吗？”

问题一个接一个，这两个孩子尽管有点兴奋过头，但还是很和气的。

“他叫塞缪尔，”德·圣布里斯夫人微笑着回答道，“快点把他带走，不然你们这么闹，我很快就会头痛的。”

就这样，塞缪尔－曼加拉就算住进了大房子。他几乎日日夜夜都得陪伴主人的两个孩子，服侍他们，陪他们玩耍。夏尔非常喜欢他，因此他甚至可以睡在夏尔的床脚。小弟弟雨果则要花更多的时间来适应这个新的奴隶。

塞缪尔在小主人身边开始安下心来，但“坠马”事件的发生还是“适当地”让他想起了自己的身份。有一天他和孩子们玩骑马游戏，他四肢着地快步小跑，雨果骑在他的背上，夏尔命令他表演尥蹶子来增加游戏趣味。塞缪尔照做了。然而，雨果为了能够坐稳，紧紧地抓住他卷曲的头发，而塞缪尔痛得忍不住叫喊和晃动起来。雨果摔倒了，虽然摔得不是很疼，但他哭得很惨。

事后夏尔没有承认是他的主意，塞缪尔也一言不发。于是他就在“玩伴”的面前被鞭打。他忍住了，没有叫出声，但是却忍不住涌上眼眶的痛苦和愤怒的泪。他这才知道永远不要相信白人。但一切平息之后，他依然得睡在夏尔的床脚。

塞缪尔在厨房里吃饭的时候遇到了其他奴隶。妮可的态度温和了一些，获得主人们信任的她很看不起别人。提·路易斯既是厨师也是**占卜士**。每天晚上人们都向他询问周边的情况，从**勒卡尔贝**问到**勒莫纳－韦尔**。至于马车夫布莱斯，他的脑子里除了他的马就只有下三烂的娱乐，当然，他还尽可能模仿白人的言行举止。除了他们之外，还有一些别的人，当然黑孩子不算在内。黑孩子中比较小的孩子由佐伊看管，比较大的则负责处理一些小的活计，例如照看动物、提水等，他们还不到能参与种植的年龄。此外，露西夫人还有贴身侍女阿加特，她的年纪和塞缪尔差不多，是个混血，塞缪尔每回碰见她都非常开心，她并不会因为皮肤较浅就骄傲，随时都可以聊天、开玩笑。

他们总是在厨房里讨论。但是，讨论什么呢？当然是关于"**解放**"了。每个人都对自己的未来充满希望，却嘲笑别人的愿望虚无缥缈。但只有提·路易斯是真的有可能为自己赎身，这要归功

占卜士：会算命的人，可以预言、改变厄运、治疗疾病。

勒卡尔贝、勒莫纳－韦尔：这两个都是马提尼克岛的城镇名。

解放：奴隶经过主人同意获得自由身，可能是免费的，也可能需要花钱赎身。

于他做占卜士存下了一些钱。塞缪尔总是竖着耳朵听，并在内心深处暗暗发誓一定要重获自由。

阿加特悄悄地告诉了塞缪尔她也有了希望——她被主人“注意”到了。当然，要屈从于他的要求并不怎么好受，他有时候不太体贴……

塞缪尔打断了她，震惊又不敢相信：“你说什么‘希望’！这个胖子强暴你，而且……”

“但是，如果我有了他的孩子，他会给孩子自由，然后我孩子就会来赎我了。”

“你疯了，你本该恨他的！”

阿加特呜咽起来，跑着离开了。塞缪尔知道自己刚才太凶了，但是很长时间他都没法去道歉，因为阿加特总是小心翼翼地躲着他。

然而，就在不久前，塞缪尔的生活里出现了一项新的趣事——写字。在塞古，他被爸爸送去学校，学过一段时间拼写。在这儿，和雨果在一起的时候他发现了字母表的秘密！夏尔扮教书先生取乐，塞缪尔进步很快，露西夫人看到儿子为了教书而认真学习也很开心。所有人都很高兴，直到有一天……

这一天，圣布里斯先生在他们学得正起劲的时候来了。他大步走到塞缪尔面前，从他正做练习的手上夺下他的本子，扇他的嘴巴，随后转身愤怒粗暴地呵斥夫人和孩子：

“该死的，你们在想什么？竟然教一个黑奴读书？”随后他向塞缪尔喊道：“你，出去！”

但是在屋外，塞缪尔把耳朵贴在门上继续听。

“怎么能让他读懂书、看懂报呢？”圣布里斯先生继续说道，“他如果钻研这些东西，他会有什么愚蠢又危险的想法？这只能让他不幸。以后再不许这么做了，行吗？”

塞缪尔趁着主人出来之前悄悄溜走了。但是这些话更激发了他学习的愿望。为什么要禁止他读书？报纸和书上究竟有什么他们想隐藏的东西？

奴隶的分类：特别是儿童和年长的妇女，被当作“屋内奴隶”来为主人以及他的家庭服务，例如厨师、洗衣奴、保姆等。其他的人作为“园间奴隶”，不和主人一起生活，干一些种植、饲养和手工活。

屋内奴隶

一般来说，他们的待遇比其他奴隶要好，也会有更多人皈依基督教，最初的几处黑人教堂就是这些人创立的。

保姆

种植园主的孩子由奴隶保姆带大。然后，这些保姆自己的孩子也会变成奴隶，因为奴隶的身份会通过母亲传承。这是一种不通过购买就能增加奴隶数量的方法。

种植园主

美国南方和安的列斯群岛的奴隶为种植园主积攒了大量的财富。他们的生活方式非常接近欧洲贵族。

殖民地房屋

最富有的种植园主筑起了真正的奢华宫殿，既采用欧洲最入时的装饰风格，又能适应殖民地的气候，抗风抗热。

一处殖民地的房屋内部

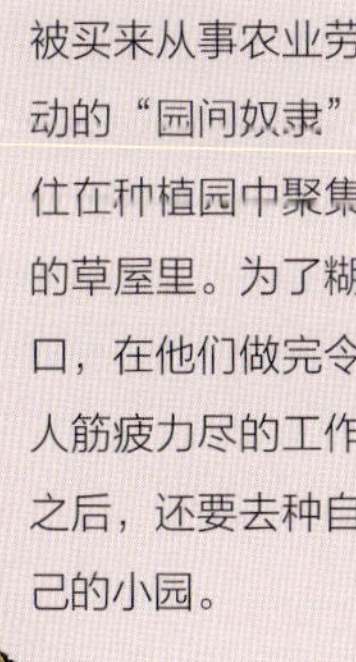

瓜德罗普的一座殖民地房屋

“他几乎日日夜夜都得陪伴主人的两个孩子，服侍他们，陪他们玩耍。”

奴隶的草屋

被买来从事农业劳动的“园间奴隶”住在种植园中聚集的草屋里。为了糊口，在他们做完令人筋疲力尽的工作之后，还要去种自己的小园。

美国南部佛罗里达州的奴隶居住棚区

种植园主一家在新奥尔良散步，于美国南部路易斯安那州

LA GAZETTE
DE SAINTE-LUCIE

奴隶的生活

对于塞缪尔来说幸运的是，夏尔并不愿意中止这个他最喜爱的游戏，他觉得与一个奴隶分享秘密很有趣，因此夏尔暗地里继续和塞缪尔玩这个“学堂游戏”。但在这个角色扮演游戏中时常有争吵，因为夏尔的弟弟总是动不动就威胁要去告发这个秘密。但这样反而更增加了师徒之间的热情。塞缪尔在学业上进步非常迅速，很快，他就能阅读完整的长句子了。至于书写，这对他来说更难一些：因为需要训练他那双并不习惯于如此精巧动作的手。但最终他也成功了。如今，他希望读那些圣布里斯先生禁止他阅读的书籍和报刊。

塞缪尔与阿加特的和解为他提供了另一个读书的途径。阿加特为露西夫人服务，她时常有机会出入她的卧室和客厅。她甚至为塞缪尔偷拿了一本她的女主人刚刚阅读完的书。这是一本爱情小说，对于塞缪尔来说要理解书本中的意思非常艰难：它是以法语写成的，而不是**克里奥尔语**！唯一能够

克里奥尔语：一种殖民地通用的法语。

帮助他阅读的，只有夏尔，但是夏尔实在太年轻了，无法全部理解塞缪尔询问的单词，而且出于谨慎考虑，塞缪尔也不愿意将这本“借来”的书交给夏尔看。虽然无法完全理解书里的内容，但是塞缪尔总是能够抓住大致的意思，慢慢地，他甚至将书里的爱情故事，与他从阿加特身上感受到的情感滋生在了一起。这两个年轻人一同长大、成熟，他们的友谊也得到了进一步的发展。当然，他们仍然会对有关圣布里斯先生的话题产生纠纷，而大部分原因都归咎于塞缪尔对于圣布里斯先生的嫉妒心。与此同时，他也深切地感受到了阿加特对于自由的渴望！但他从没妄想过这样就能获得自由，因为他认为贪婪的奴隶主甚至连自己的孩子也不会给予自由。

他读的第一本爱情小说只是让他尝到了爱情的滋味，所以塞缪尔完全没有意识到，阅读对他来说或许是一件危险的事情。他向阿加特索要圣布里斯先生每天在阅读的报纸。阿加特为他带来的《圣露西报》，上面总是报道一些离他生活很远的人物新闻和奇闻轶事：法兰西、国王，以及有关奴隶所有权的神圣法令在巴黎被一群无赖攻击；还有在马提尼克岛这里，自由的**有色人群**宣称他们与

有色人群：指获得自由的黑人，通常为黑人与白人的混血儿或是他们的后代。

白人具有同等地位。

虽然他不能很深入地理解报纸上的每一句话，但是这些词都使他激动地想起了厨房间里的谈话。那些来找提·路易斯的人，特别是从卡尔贝过来的，时常谈起他们那里的白人与有色人种之间的各种矛盾，有时甚至是白人内部的激烈冲突——大种植园主与非蓄奴者之间的冲突。

“一直以来最没有话语权的人就是我们，”一个像乌木一般黑的黑人说道，“另外，这些天在波提耶住宅区似乎发生了一些骚乱。一个指挥官丧了命，而那个奴隶，他成功地逃脱了。”

“在德赛黑，”他继续说道，“有些还是奴隶主自己分发的弯刀和火枪。国王在巴黎解放了我们，而那些持有武器的人们终将获得解放。”

“真的吗？那为什么我们这些人都没有武器呢？”

塞缪尔越是继续阅读，就越是能理解所读到的东西，也越是能够理解为什么圣布里斯先生要禁止他读这些报纸！在报纸里，我们可以得到外界的真实消息，我们可以知道白人们正在想些什么，从中可以隐约看到一个遥远的国家，那里有人在谈论着自由甚至是平等！这些都是在这里无法想象的东西。

房子里的生活仍然继续着，阿加特的体型日渐丰腴，这让圣布里斯先生开始远离这个年轻的女人，但这并没有减轻塞缪尔的嫉妒心。当阿加特的肚子变得越来越圆，以至于谁都看得出来发生了什么时，露西夫人愤怒地侮辱她说：

“什么？怀孕了？你还没结婚呢！你怎么对得起耶稣的戒律？我是那么信任你，你看上去是那么正经的一个女孩！”

阿加特面对倾盆大雨般的指责，吓得面色发青，随后说出了圣布里斯的名字。真希望她没有这么做！露西夫人应该知道是自己的丈夫不知羞耻地背叛了她，但当这样的指控从一个奴隶的嘴里说出来时，一切都变了！

那天就像往常一样，圣布里斯先生不在家，露西夫人要一个人解决问题。她叫来了大约翰（他是托瓦纳的助手），让他在地里插入四根木桩，用来绑缚阿加特。但由于阿加特正怀着孕，所以大约翰费了好大的劲儿才挖出一个可以让她安放肚子的坑。接着，他把阿加特脱光了绑在柱子上，

四肢打开，面朝地面。然后他开始抽打阿加特。

一旁的女主人看得十分满意，而在厨房间里的塞缪尔痛苦地流着泪。与此同时，妮可试着以她自己的方式安慰他："那个年轻的女人是怎么想的？她认为生活很容易吗？难道主人会帮助她？主人和其他人一样，只要他是一个白人，就能够为自己开脱一切……"

辣椒水：辣椒和盐的混合液。

当阿加特被抽打了六十多鞭以后，女主人让人用**辣椒水**涂抹她身上的伤口，这么做表面看来是防止伤口感染，但实际上只是增加了阿加特祈求怜悯的叫声，因为火辣辣的感觉让她痛不欲生。

就在那一天，其他人帮忙把阿加特移到了种植园，她在自己的草屋里待了几天，根本不需要捆她，因为她完全不能动弹。在这之后，她的地位就排在了砍甘蔗的工人之后。

在晚间和周日，塞缪尔总会到黑人奴隶的草屋那边，去看望阿加特，安慰她，抚摸她紧绷的肚子，向肚子里的孩子诉说这些苦难……

趁着这个机会，塞缪尔还能去看看住得比较远的克里斯多夫。克里斯多夫因为苏鲁——如今被命名为嘉斯汀——重拾了对人生的信心。他们有了一个孩子，叫马丁，嘉斯汀只要一有空就无微不至地照看这个孩子——她在工作的时候，马丁就像所有的黑人孩子一样，交由佐伊看管。塞缪尔问他们是不是准备再生一个……这不是每一个身为父亲的人都会考虑的问题吗？克里斯多夫的回答却让塞缪尔非常愤怒。

“兄弟，你想想，”他解释道，“我们将来都得死在这里，这是确信无疑的。我们无法回到祖先的土地上了，所以我们要想尽办法过上更好的生活。”

“你的意思是？”塞缪尔轻蔑地问道。

“谁在这里过着最好的生活？是托瓦纳！”

“托瓦纳？！但那是个没良心的畜生！”

“不，他只是做监工该做的事罢了。他说得很有道理，所有的黑鬼都是游手好闲的废物。”

这竟然就是当年塞缪尔的好兄弟！一个年轻时真正的英雄，一个时刻准备着要斗争、要反抗的斗士！啊，他真是变了！

生活是多么古怪！塞缪尔，当年那么顺从、努力适应着人生的人，如今心里充斥着愤怒，以至于露西夫人都能从他的眼神里感觉到愤怒的火光。她把他从孩子们身边调开，打发去了马房。夏尔的祈求和反抗都无济于事，她太害怕他眼中愤怒的火焰了。

塞缪尔倒是松了口气，毕竟与主人的相处得时刻提心吊胆。

惩罚和虐待：被卖给新主人的奴隶通常被看作是牲畜。劳作的繁重对他们来说是难以承受的，而迫使他们工作的办法就是恐吓他们。

鞭刑

为了惩罚奴隶，鞭刑是最常用的手段。鞭刑带来的痛苦在行刑时异常残酷，而结痂愈合前，痛苦会持续很长一段时间。

主人的权利

根据法律规定(例如路易十四1685年在法国制定的《黑人法案》)，主人有权利殴打或捆缚自己的奴隶，但不能折磨他们或使他们致残。当然这也不是奴隶主想要的结果：因为他还需要奴隶们继续为他工作。

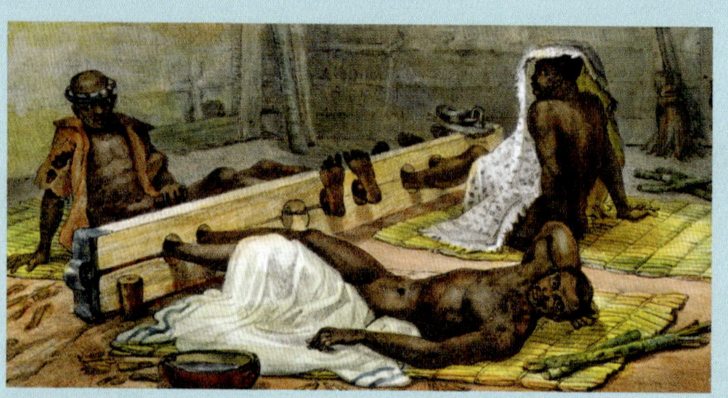

铐刑：用一种带有孔的木板施刑，通常会束缚受刑者数天甚至数周。

大量的奴隶

在安的列斯群岛，奴隶们比殖民者的数量多得多。比方在圣多明各岛，一共有四十八万名奴隶，而殖民者却只有三万人，也就是说每个殖民者平均拥有十六个奴隶。

奴隶的管制

通常，奴隶不被视为人，而视为需要管束的高级牲口。所以，对他们不服从的行为施以惩罚是非常正常的，即便有些刑罚非常残忍。但是，种植园主非常害怕奴隶们起义，因为奴隶人数众多，一旦暴动将会非常危险。因此哪怕是最低程度的反抗都会受到最严酷的惩罚。

尝试逃走的奴隶们被戴上铁项圈

鞭刑

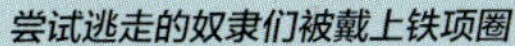

“他把阿加特脱光了绑在柱子上，四肢打开，面朝地面。然后他开始抽打阿加特……一旁的女主人看得十分满意……”

戴着铁项圈的“逃亡者”被狗追捕

逃亡者

逃走的奴隶被称为“逃亡者”，这个词是从西班牙语的“marrons”（未驯化的）而来的。一旦被抓回来，他们就必须戴上一个有铃铛的铁项圈，以方便主人知道他们的行踪，防止他们再次逃走。

在城市里

这场沦为奴隶的剧变，不仅使两兄弟的生活翻天覆地，也成为社会上最狂热的话题：局势发生翻天覆地的变化，遍地皆是因此而起的争吵、狂热讨论、革命运动，甚至是战争。此时正值**法国大革命**期间，在海外领地的岛上，革命也在进行着。到处都是被革命激情点燃了的人们！这时，殖民者们开始害怕起来……

在阿加特的第一个孩子小路易斯出生之前，圣布里斯家就投靠了英格兰（因为法国当时推翻了**优先阶级**）。不久之后，马提尼克岛就成了英国的属地，这对农场主来说是非常及时的好消息，因为法国**制宪议会**在1794年投票决定废除奴隶制！

主人房、种植园来了一个新监工，接管了一切。他叫艾美·拉郎德，比之前的监工温和，也更公正。或许他和那些人一样，认为善待奴隶能让情况变得

法国大革命：发生于1789年与1799年间的法国政体改革，推翻了君主制。

优先阶级：共和党人对贵族阶级的称呼。

制宪会议：法兰西第一帝国建立的议会（1792—1795年），用来治理大革命时期的法国。

好一些。

在托瓦纳死于一次致命的高烧之后，克里斯多夫被任命为新的监工。他接手了托瓦纳留下来的那条鞭子，在征得艾美先生同意之后，他将那些使他感到厌恶的高大的看门犬关进了笼子。嘉斯汀的生活并没有因此而发生改变，但在她生育了第四个孩子之后，她被允许享有除了周日以外的另一个公休日，但这一天的公休在她失去了最后一个孩子阿梅莉之后很快就被剥夺了，这个孩子死于胸膜炎。

至于塞缪尔，艾美先生很快发现了他的聪明机智，并且想好好地加以利用。与其让他在奴隶棚区里混日子，

不如把他送到城里去学驾马车。艾美先生购置了一辆敞篷四轮马车和一对马儿，他把这对马儿交给这个奴隶看管，以确保他平日或去参加比赛时能随时使用。虽然这会让他花费不少，但塞缪尔的确是一个能得到欧洲人或**克里奥尔人**信任的好小伙。于是塞缪尔就出发去圣皮埃尔了，起初他很不情愿，因为他只能把阿加特留在棚区里。

克里奥尔人：白人移民的后裔。

阿加特不用下田干活，因为她的后背在接受了那六十下鞭刑之后就一直没有恢复过来，她如今成了医务室的看守，并且怀了第二个孩子。这回是塞缪尔的孩子。曾经有那么一段时间，塞缪尔认真地想过要逃跑，他想逃出这里的城市和居住区，获得自由。但就在他犹豫不决时（这当然是触犯法律、铤而走险的行为，一旦被抓住就会受到严厉的惩罚），他发现大城市的生活有太多吸引人的地方，以至于他不再想着逃跑了。当然，他每周都会回来，将赛马的酬金交给艾美先生，其中当然要扣除他在城市里的生活饮食开销。他设法从中存下了一些积蓄，并用这些积蓄来看望阿加特。他全心全意地爱着她。他在城市里是多么想她啊！跟其他悲惨的黑人奴隶不同，塞缪尔很幸运，他很早就遇到了自己生命中唯一的女人，也没有因为自己或对方被卖掉而被迫分隔两地。在奴隶棚区，这种事时有发生，男人会和别的女人在一起，女人也会和别的男人在一起，奴隶们早已习惯了这种生活——所以，成为夫妻有什么好呢？好在圣布里斯家并不这样，对于这里的男女奴隶来说，婚姻生活还算不错，也对在这里出生的孩子的成长较为有益。塞缪尔对于阿加特爱得深切，对小路易斯也同样喜爱。虽然这个孩子白得彻底，就像他黑得彻底一样，但塞缪尔从未想过因此去找别的女人。他唯一的渴望，他唯一执着的事情，就是有一天能够赎回自己的妻儿。他把一分一厘都仔细地存起来，在生活中处处节俭，眼看着自己的小积蓄十分缓慢地增长起来。

但这并不是城市生活吸引塞缪尔的唯一原因。

在圣皮埃尔，他遇到了形形色色的人。最初是他用马车从城东载去城西的男男女女。他们在马车里谈笑风生！有时只是男女之间的约会碰面，这会让塞缪尔思念起远方的阿加特。但有时，特别是男人们，会在塞缪尔身后高声谈论，把嗓门开到最大地争吵——白人们内部也会出现意见分歧的！这就变得非常有趣了。他们谈论着各种交易、政治问题，也让竖着耳朵倾听的塞缪尔得知了岛上甚至是欧洲的新闻。

塞缪尔也会遇到其他在城里工作的黑人或是混血儿。有些人已经是自由人了，但大部分还是和他一样的奴隶。甚至还会碰到一些从事低下职业的白人：脚夫、码头工人、售货员……

这些人中很少有人能听懂法语（即使是那些白人），能阅读和书写法语的就更少了。大部分人都只说克里奥尔语。即使英国对这个岛的管辖和统治长达数年，法语仍然是受过教育的上流阶级的语言。即使在**英国管辖期间**，法国的报纸仍然能够到达马提尼克岛。

英国管辖期间：马提尼克岛于1794—1802年、1809—1814年、1815年受英国管辖。

塞缪尔周围聚集起了一个小团体：他们把别人遗落在咖啡馆或者旅店桌角的报纸收集起来，塞缪尔负责翻译和解读报纸上的内容，之后，他们之间的讨论就像同一时期巴黎正在进行的那些讨论一样。

他们讨论的问题，正是马提尼克岛这个小地方所面临的问题：如何使奴隶们获得自由？如果那样，关于种植园主们的所有权法令会变成什么样？要争取平等吗？在自由人和奴隶之间？太荒诞了！仅在自由人之间施行平等？那么白人和黑人能否是平等的？……那些白人的革命思想同样感染着那些混血儿。那些人对自己略带白色的皮肤非常骄傲。很快，人们之间的争执就集中在了他们的肤色上。

伴随着喧哗声和争吵声的起起落落，时间就这么流逝着。但是大革命始终没有深入到马提尼克岛的人群中间。

而奴隶棚区里的生活几乎没有发生什么改变，奴隶们总是伴随着**号角**声有节奏地生活着，工作着，死亡着。

号角：让奴隶们出工的时候就会吹响号角。

死亡总是随时到来：老死、累死、衰亡、病死。在圣布里斯家的棚区里，死亡总是在过度用刑之后发生。这已经算是好的了！由于艾美先生设立了医务室，专门治疗那些病人，因此病死的人数有所下降了。他甚至把阿加特送到**罗亚尔堡**，让她跟随一个来自法国的修女护士接受培训。

而以往夺走过无数新生儿生命的**下颌病**，如今就像被施了巫术般地消失了。以前，无数母亲和无辜的女性都因为被怀疑是孩子死亡的罪魁祸首而被残酷地处罚。虽然不排除有一些母亲因为不想让自己的孩子遭受奴隶制的折磨和迫害而残害了自己的孩子，但这毕竟不是多数：在那个时代，生命的诞生是如此艰难！

罗亚尔堡：如今的法兰西堡，马提尼克岛首府。

下颌病：一种儿童的破伤风，主要由于分娩时的不卫生造成，在当时非常流行。因为下颌是该病的首发部位，故此得名。

说到新生命，嘉斯汀和克里斯多夫孕育了很多孩子——一共生育了九个，其中两个孩子在出生后不久就夭折了。剩下的七个是三个男孩（马丁、吕西安比较年长，最小的叫西蒙）和四个女孩儿（扎贝尔、凯西、朱莉和玛丽·佐伊）。

阿加特因为很少有机会遇到她的塞缪尔，所以只生育了三个孩子，都存活了下来：她曾经以为受了鞭刑后会流产，但没想到小路易斯却活了下来，但他弱不禁风，从小就脾气不好；另外两个孩子叫玛丽埃特和约瑟夫，他们似乎活得更快乐些。然而塞缪尔一直把路易斯视如己出，全心全意地接纳他：因为路易斯是阿加特的儿子啊。

首次废除奴隶制度：18 世纪末，一场废奴运动在英国和法国兴起。1807 年英国禁止了奴隶贸易，与此同时，一场声势浩大的起义在安的列斯群岛爆发。此后，1791 年在圣多明各、1831 年在牙买加又爆发过起义。

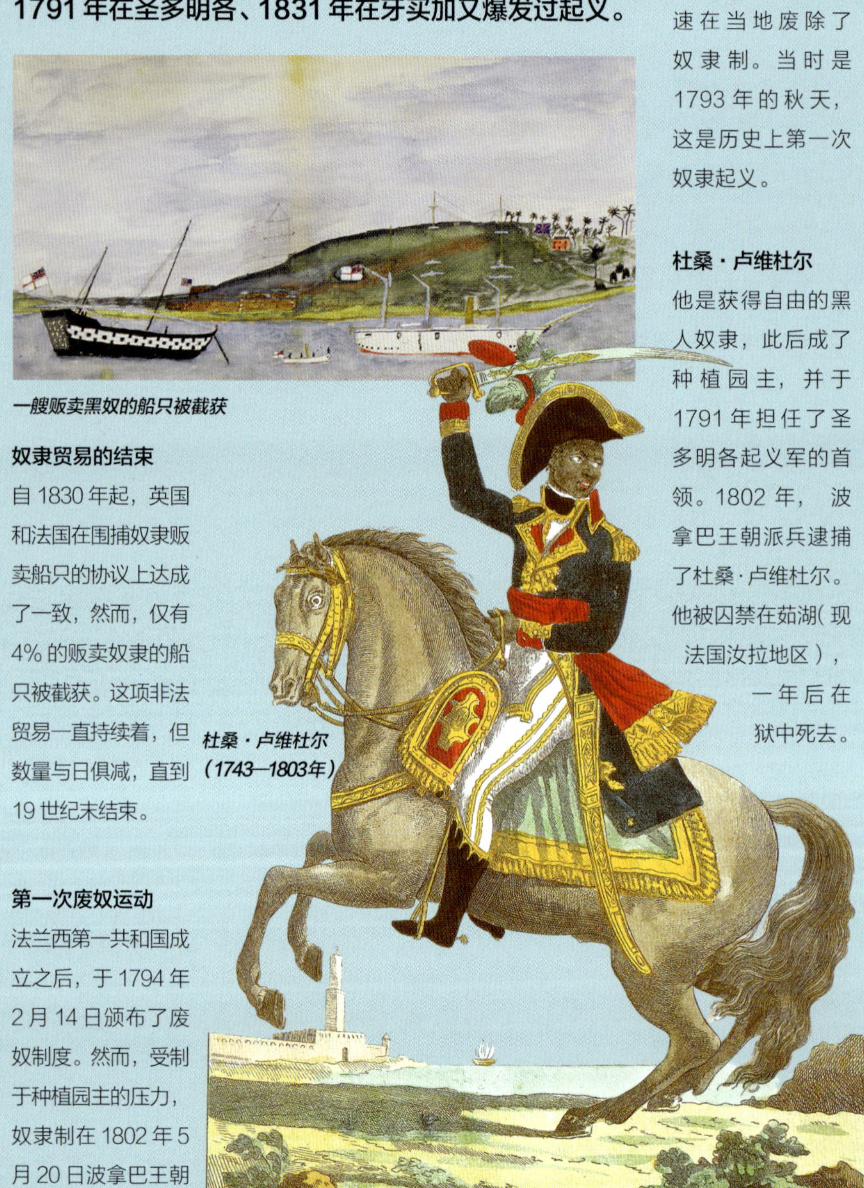

一艘贩卖黑奴的船只被截获

奴隶贸易的结束

自 1830 年起，英国和法国在围捕奴隶贩卖船只的协议上达成了一致，然而，仅有 4% 的贩卖奴隶的船只被截获。这项非法贸易一直持续着，但数量与日俱减，直到 19 世纪末结束。

杜桑 · 卢维杜尔（1743—1803年）

第一次废奴运动

法兰西第一共和国成立之后，于 1794 年 2 月 14 日颁布了废奴制度。然而，受制于种植园主的压力，奴隶制在 1802 年 5 月 20 日波拿巴王朝时期再次恢复。

第一次反抗运动

1791 年，圣多明各的几位奴隶组成了一支奴隶军，迅速在当地废除了奴隶制。当时是 1793 年的秋天，这是历史上第一次奴隶起义。

杜桑 · 卢维杜尔

他是获得自由的黑人奴隶，此后成了种植园主，并于 1791 年担任了圣多明各起义军的首领。1802 年，波拿巴王朝派兵逮捕了杜桑 · 卢维杜尔。他被囚禁在茹湖（现法国汝拉地区），一年后在狱中死去。

1802 年圣多明各起义

“局势发生翻天覆地的变化，遍地皆是因此而起的争吵、狂热讨论、革命运动，甚至是战争。”

威廉·威尔伯福斯（1759—1833年）

英国废奴运动的领袖，在他的坚持下，《废除奴隶贸易法案》于1807年通过。他坚持不懈地为废奴运动做斗争，在1833年见证了英帝国奴隶制度的废除。

圣多明各的独立

1802年，波拿巴王朝重新确立奴隶制时，圣多明各和瓜德罗普的奴隶又揭竿而起。在瓜德罗普，起义被镇压，但在圣多明各，起义取得了胜利。圣多明各岛在1804年获得独立，重拾往昔之名——海地（“大海中的山”）。

庆祝1794年奴隶制第一次在法国被废除

奴隶的反抗

生活遵循着既有的轨道滚滚向前，直到有一天，一位重回故土的人给种植园带来了翻天覆地的改革：夏尔，夏尔·德·圣布里斯，塞缪尔的“家庭教师”回来了！当初离开时年仅十一岁的孩子，现在已经是一个二十九岁外形俊朗的小伙子了，长得和他的父亲一样高大，但是有些瘦削。很显然，他的心里对这片土地存有美好的记忆，这种美好自然是与他此后动荡不安的生活相较而言的。在这片土地上，在那些残破的草屋里，他欣喜地找到了过去一直生活在这里的奴隶：妮可、布莱斯，还有其他人。但是塞缪尔不在，夏尔对此很失望，得等到周六晚上才能见到他。

在此之前，他出乎意料地见到了一位非常年轻的奴隶，皮肤很白，脸部特征对他而言并非全然陌生。然而，这个年轻人不超过十八岁，在他离开农庄前，这个年轻人可能都没有出生！

“你是谁？你想从我这里得到什么？”短暂的迟疑

后，夏尔问道。

“您真的不认识我吗？所有人都说我像我的父亲……跟您一样。”

因为情绪激动，这个年轻奴隶的脸涨成了红色。

“和我一样？你想说些什么？”

夏尔重新审视这张脸，有了一种似曾相识的感觉。当然啦，这是维克多·德·圣布里斯的面貌！但是没有维克多的神采奕奕，显得更加文弱一些。夏尔脸上的神色充分说明，他已经认出了这个人——他就是他父亲撒下的某个“野种”，殖民地移民们都有这种令人憎恶的陋习。当这个年轻人一再谈论这个话题的时候，夏尔感到极其不自在。

“我名叫路易斯，我是医务室看守阿加特的儿子。我被迫跟着这群黑人工作，和他们住在一起！显而易见，您能看得出来，我是个白人，是您的半个兄弟！我们的父亲已经离开了，但是倘若他在的话，我确信他不会把我抛弃在这里，忍受这种不公平的待遇……”

但是路易斯越是为自己抱怨，夏尔在心理上就越和这位从天而降——或者说从地狱逃脱出来的半个兄弟，产生距离感……夏尔让路易斯先回去，他把需要做的决定暂且搁置一边。

而夏尔和塞缪尔的会面，和夏尔预期的完全不同。当这个奴隶进入房子大厅呈交一周的账本时，他就知道会遇见谁。而此刻，停留在他脸上的表情绝非同他的主人一样：他的主人脸上洋溢着欢乐，因为看见了儿时的伙伴，那个他曾教他认字的男孩——夏尔认为，这个男孩一定对他满怀着热爱和感激；但是塞缪尔脑海中对他的印象却是一个冷漠无情、毫无愧疚感地看着自己任人鞭笞的主子，某一刻，他的脸和他记忆中那个圣布里斯先生，那个禁止他看书、强暴阿加特，最后在露西夫人的厌恶中抛弃了她的人重合了……这两个男人对彼此早已有各自的定义，塞缪尔僵冷的表情立刻冲走了夏尔的满腔热情。

之后，在他们只言片语的交流中，夏尔明白了路易斯的母亲阿加特已是塞缪尔的女人。

“所以说，这个蠢货来向您乞求保护？”塞缪尔知道这点后非常受伤。

“我不知道该怎么办，”夏尔以一种极尽诚恳的语气承认道，希望以此缓和塞缪尔的态度，“尽管他和我的父亲长得很像，但我不能让他的所有私生子都免除奴隶身份：那样就没完没了了，我会丧失我所有**资产**的！”

资产：奴隶对于种植园主来说，其价值等同于物质财产、工具和牲畜。

“有些奴隶不需要等待他们主人的决定，就可以获得自由身。总有一天……”

“哦？总有一天怎么样？继续说！”

“一个奴隶没有什么可说的。我能走了吗？”

然后塞缪尔离开了，把夏尔留在那儿。夏尔并没有立刻回去。他从英国回来，脑子里有些和他父母完全不同的念头，那些他自认为是现代的观念，当然不至于现代到宣扬废奴主义。想要对这些黑人表示一些好意是多么难啊，更何况这些人根本不懂得怎样才是对他们好！尤其是这些黑人在他的财富中占有相当大的比重时，他的示好更加困难……

最后夏尔对自己的农场没有做多大的改动，除了对路易斯，当然绝不是被这个年轻人软化了。他决定结束路易斯无休无止地乞求和倒苦水，让他获得自由身，给他一小块土地让他自己去耕种，或者去城里务工。路易斯已经干够了农活，所以没有要土地，而是跑到圣皮埃尔务工，和塞缪尔相隔不远，但这两个男人之间的联系自此中断。

夏尔的很多想法都很美好，但和种植园的现实条件相抵触，和邻近种植园主们的想法相抵触，和旧有的习俗相抵触……

孩子们一直在长大，成年人在衰老，十年过去了……

因为民怨沸腾，奴隶制存在的这块土地开始一点点地分裂。1820年初，人们都在谈论巴黎和伦敦的**小岛**，都在谈论不同肤色的自由，还有一小部分人正在谈论如何为他人争取自由平等的权利。一些种植园主在报复有色人种，无论是自由身的还是奴隶身的。而这些有色人种开始挣脱枷锁，发泄他们的愤怒：巫师施展巫术和巫法，毒物侵蚀着种植园的土地。

在圣布里斯的种植园里，发生了几起可疑的死亡事件。克里斯多夫，一直为他获得的权利而自豪，五十岁时比三十岁时更为严峻刻板，因而毁誉参半、褒贬不一。他是最初一批被毒害的。夏尔从圣卢斯养殖场带回了一对凶恶的看门犬，把它们拴在了在新的监工门前。

马丁，克里斯多夫和嘉斯汀的长子，成功地加入了**黑人军团**：他想报复害死他父亲的人。与此相反，吕西安，马丁的弟弟在童年时就开始反叛，在某个被鞭笞后的晚上逃离了家。他在山中奔跑，那些在清晨放出来的狗花了些时间才把他追上：就是那些从养殖场带回来的狗！他几乎被它们的獠牙撕碎了，重新被绳索

小岛：这里指法国和英国的殖民地。

黑人军团：这里指由黑人成立的、带薪的、听从殖民者指令的军队。

拴住，在重打之下差点死去：这对于一个逃亡的奴隶来说很正常！阿加特在医务室看到她的外甥身陷如此可怜的境地，不禁泪水涟涟。她告诉了塞缪尔，而塞缪尔破例放下他的自尊，向夏尔说情，请求施加在吕西安身上的惩罚就此停止。

但两个男人之间的情谊已经变了。夏尔明智地回到了他种植园主的角色，但童年时的美好记忆使他对塞缪尔怀着一定的温情。而塞缪尔身为奴隶，年迈、苦涩，明白自己已经没有足够的时间去实现自己的伟大梦想：让他的女人和孩子摆脱奴隶的身份——最终，他的身边只剩下玛丽埃特和约瑟夫，因为路易斯已经抛弃了他。他不相信夏尔的好心，但他确信——他也希望——吕西安如果可能的话能再次逃跑。如果要问他为何愿意向主人求情，答案就是因为他希望他的外甥能逃走，并且能真正得到自由。自由对于他而言，已经太晚了。

然而，当废奴运动日益高涨，当大家听到大批的奴隶从种植园涌向城市时，塞缪尔无法自禁地渴望融入愤怒的人群中。他和他最小的儿子约瑟夫一起——但并不是他带领儿子，而是约瑟夫鼓动了他——歌声在他的周围、在他的心里回旋升起，比朗姆酒更加醉人。他身旁的每一张脸庞，都闪烁着一双发亮的眼眸，以及在舒展的大笑中露出亮亮的牙齿，像要使劲地咬碎什么东西。但裹挟着他的浪潮突然开始退后。士兵、军队来了！起义者们往后退，有些继续前进，手持短弯刀。正面是猎枪手。土地染上了红色。马丁，这个黑人军团的一员，非常自豪自己终于能履行使命，精准地瞄准目标，然后射击；约瑟夫，眼前鲜血飞溅，他发出了一声怒吼：塞缪尔倒下了，子弹穿过了他的肩膀。

安的列斯群岛的社会构成：当时的法律只区分了白人和有色人种，但没有考虑到 19 世纪安的列斯群岛的社会多样性。比如说，贝柯人（安的列斯群岛的克里奥尔人，白人移民的后裔）通常是务农的贫穷白人，而奴隶中间也有“工头”或“能干的黑奴”到城里工作。另外，因为不同人种之间的结合，很多混血儿出生。

新的宗教

天主教和非洲传统信仰的融合，诞生了一些带有原始色彩的宗教：海地的伏都教，特立尼达的尚高教，巴西的康多拜教。下面的小雕像代表非洲伏都教信奉的一个神，象征着火与战争。

亚历山大·达维·德·拉·帕耶特里，人称仲马将军（1762—1806 年）

毕塞特

马提尼克人，混血儿，他从 1823 年开始主张废除奴隶制。1849 年，他成为马提尼克的众议员，主张种植园主和从前的奴隶和解。

西里尔·毕塞特（1795—1858 年）

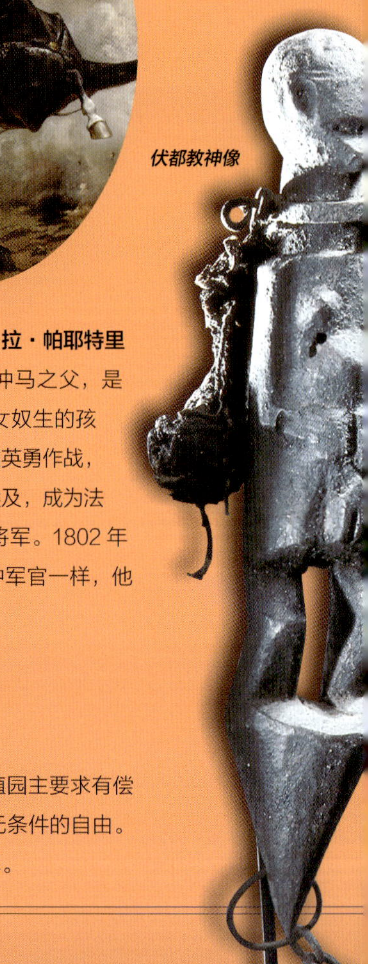

伏都教神像

亚历山大·达维·德·拉·帕耶特里

大文豪亚历山大·大仲马之父，是一位法国贵族和黑人女奴生的孩子。他为法兰西共和国英勇作战，并为波拿巴王朝出征埃及，成为法国军队里第一位黑人将军。1802 年 5 月，像所有有色人种军官一样，他受到排挤。

种植园主持相反意见

在安的列斯群岛，种植园主要求有偿释放奴隶，奴隶要求无条件的自由。双方阵营无法得到和解。

19 世纪末美国的黑人乐队

“他就是他父亲撒下的某个‘野种’，殖民地移民们都有这种令人憎恶的陋习。”

音乐

在种植园里，奴隶把各种节奏、旋律、乐器混在一起。于是，19 世纪初，在美国南部出现了一种从福音颂歌（宗教乐）和蓝调（美国黑人的悲歌）中衍变出来的爵士乐。

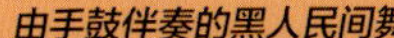

由手鼓伴奏的黑人民间舞

邦布拉

这是一种教徒聚集的宗教仪式。随着小鼓的节奏，与会者表现出一种鬼魂附身的狂热状态，教徒们相信这是神的精神的展现。

走向自由

约瑟夫和他爸爸一起被捕了，命悬一线。但是讽刺的是，反倒是垂死的父亲在经过草草结案的诉讼审判之后，被判定实行绞刑，而他的儿子意外地获得了不可思议的减刑，先是被判为流放，最终被判为无罪。

但是约瑟夫并没有赶上在种植园举行的悼念塞缪尔亡灵的宗教仪式。阿加特向他述说了当时的情况：

“所有人都来了，棚区的、大房子里的、男人们、女人们、老老少少，甚至有一些我不认识的人，他们来自城里。真不知道他们是怎么知道的……他们悄悄地来到这里，并不想招来民兵遣散他们。你真该看看当时教堂里人山人海的景象！后到的人只好站着参加仪式。之后，所有人都唱起了赞歌，做起了祷告。”

阿加特闭上眼睛，泪如泉涌，她仿佛听到了歌声中人们的哭声和祈祷声。

“是啊，如果上帝能让摩西和他的朋友们走出埃及，那为什么不能让我们摆脱奴隶制呢？”

约瑟夫低头压抑着自己的感情，之后抬起头来温柔地看着已然老去的母亲，希望的火种一直在她的心里燃烧着。

“所有人都在哭泣，甚至是男人们，他们不停地抽泣。你知道，就像他还和我们在一起一样。”

“是啊，塞缪尔的精神一定填满了整个教堂。”约瑟夫想。

在这之后，阿加特的生活就变得非常悲伤。她不但失去了她的男人，而且还被两个儿子的争吵折磨着。路易斯和约瑟夫互相仇视，两人都想把母亲占为己有，让母亲赶走另一个。经过一场异常激烈的争吵之后，由于

阿加特只知道哭，而玛丽埃特总是帮着他的小哥哥，所以路易斯离开了棚区，并扬言道：“永远不会回来。”

在路易斯离开之后不久，约瑟夫也像他父亲那样离家进了城。至于玛丽埃特，她早该离开这个棚区了。她已经二十七岁，长得漂亮，个性独立，在她周围总是围绕着不少的男人，但没有一个是她想接受的。她已有两个孩子，这是阿加特唯一感到庆幸的事情，当玛丽埃特在棚区工作的时候，阿加特总是很乐意帮忙照顾这两个孩子。

克里斯多夫的家庭比他们家更四分五裂。嘉斯汀在克里斯多夫死后的一年就去世了。吕西安对这么多人的去世感到无所适从：他的爸爸，他的叔叔，如今又是他的妈妈。他从约瑟夫那里知道，是马丁打伤塞缪尔导致他被抓入狱的，由于他一直仰慕自己的叔叔，再加上他们两兄弟本来就相处得不好，所以两人之间的不和加剧了。吕西安再次逃离了这个小山区，这回他终于成功加入了一支逃亡奴隶的小组，没有被捉回来。逃亡的生活很艰辛，只能以盗窃为生。虽然总是活在刀口上，但至少他们是自由的！

正如惯常的那样，女孩们之间慢慢疏远，每个人都忙于自己的男人、自己的工作和自己的孩子。扎贝尔在三十岁的时候就被生活消耗殆尽；凯西还很小，被主人卖给了他的朋友（她的境况很糟，因为她的新主人以暴戾出名）；至于那个最美丽的朱莉，她成功迷倒了一位路过此地的法国人，他将她赎出来带回了法国。现在棚区就只剩下扎贝尔和两个最小的孩子，西蒙和玛丽·佐伊。

从 1830 年开始，约瑟夫就开始在城里艰难地讨生活。夏尔替他在喜剧院找了一份工作，那是圣皮埃尔一个刚刚整修完毕的剧院。一开始他是个打杂的工人，但很快他的才华就被发掘了。作为塞缪尔的儿子，他能够熟练地读写，因此很快从**管事**那里谋得了一份职务。圣皮埃尔的这个剧院不但是马提尼克岛的文化中心（一些欧洲的知名艺术家总是在这里演出），而且是政治活动的中心。约瑟夫在那里看到了新思想、新运动的蓬勃，见证了一起骚乱的争端，也参加了一场引发附近居民区火灾的大狂欢活动……

在他家，住着他引以为傲的妻子娜奴（他们可是在见证人的祝福下，在圣布里教堂结婚的！），以及他的儿子提·塞缪尔，这个名字是为了纪念他的父亲。他时常一边看着孩子睡觉，一边轻声说道：

“我发誓，绝不让你遭受你祖父那样的命运！你将会获得自由并且受到他人的尊重！”

事实上，娜奴虽然名义上自由了，但直到1832年**税制**取消之后，她的旧主人才正式解放了她。提·塞缪尔随同母亲获得了自由身份。

约瑟夫成了家里唯一是奴隶身份的人，即使他的境况和留在棚区中的玛丽埃特以及表兄妹们已全然不一样。在城

管事：管理舞台事物的人，如今的剧务。

税制：一项个人税，直到1831年，解放一个奴隶都需要支付一笔税款。这就是为什么在这之前有很多名义上自由的奴隶，并没有合法的官方文件。

市中，当他回到家时，他的奴隶身份总是带来许多麻烦：警方管制、侮辱，有时候还遭人动手动脚。但这都只是坚定了他对于自由和平等的渴望。

有时候剧院不得不因为一些动乱而关门。但在1836年，约瑟夫在后台第一次看到了那个令他感动流泪的画面：有色人种第一次来到了剧院大厅，坐在白人的身边，等待场灯渐暗，等待演出开始……当然，这只是对于那些已经获得自由的人而言的；当然，这些有色人种必定得富有而且拥有自己的奴隶。虽然这应该在1830年，法国禁止歧视自由人时就应该实现的。六年的等待是值得的，因为在圣皮埃尔已经实现了这种平等，虽然这种平等还没有在整个马提尼克岛推广开来！但谁都能感觉到这股影响力正在缓缓扩张。

在法国本土，根本上的改变已经开始，但那儿离圣皮埃尔太远了，约瑟夫只能通过收集到的报纸得知那里发生的时事。**西里尔·毕塞特**通过他的法国朋友，发表了一篇有关有色自由人的生活状况的文章，这激起了白人们的愤慨。他因此被贬职到马提尼克岛工作，但他仍然继续

西里尔·毕塞特（1795—1858年）：马提尼克岛的一名政员。

为有色自由人和奴隶们争取权利。另外，他还要求彻底废除鞭刑！当约瑟夫第一次读到这篇报道的时候，他为之一震。他曾经经历过或听人讲述过的一幕幕，在他脑海中浮现：他的父亲、母亲、吕西安，以及无数男男女女曾经因为拒绝屈从某个命令，或是因为主人的一个小性子就饱受鞭刑的折磨。鞭子的确是一个出色的刑具，它甚至成了奴隶制仇恨的象征。

一直等到1840年，情况才真正开始好转。对于所有奴隶来说，最激动人心的是“暴行诉讼”的产生。这条制度不但禁止了主人对奴隶的酷刑，而且那些执意施暴的主人将被审判，甚至判刑。对于圣布里斯种植园的奴隶们来说，这并没有造成太大的影响，因为夏尔的继承人对于酷刑本身并不怎么推崇，而对于像凯西这样的奴隶，这就是真正的解救。

接着就是奴隶们的教育问题！殖民者们更愿意先给予奴隶一定的宗教化教育，但最终，初等教育也被推行了。其实，还没等到这一天，约瑟夫早就将提·塞缪尔送到了传教会，让他跟随教父们学习。如果不这么做，又怎么能成为“受到他人尊重的人”呢？这个年轻的孩子被父亲说动了，他在老师们的鼓励下一直坚持学习，为了今后能够成为受人尊敬的人。

最后，这几年来，人们越来越多地在报纸上读到一个新的人名——维克托·舍尔歇，一个活跃且坚定的奴隶制废除主义者……

奴隶制的终结：1848 年，法国殖民地的奴隶制被废除，1865 年美国也废除了奴隶制。这是黑人和白人的废奴倡导者积极斗争的结果，也源自于奴隶们的强烈抗议。对于美国来说，更是经历了一场大规模的国内战争：南北战争。

美国的葛底斯堡战役

这是南北战争（1861—1865 年）中最严酷的战役之一。南方反对废除奴隶制，而北方则支持废除奴隶制，于是两军短兵相接。最终北方获得胜利，但损失惨重：三天之内死亡士兵多达五万一千名。

葛底斯堡战役，1863 年

“‘我发誓，绝不让你遭受你祖父那样的命运！你将会获得自由并且受到他人的尊重！’”

弗雷德里克·道格拉斯

他出生在美国，母亲是黑人奴隶，父亲是白人奴隶主，而他自己也是一名奴隶。二十一岁的时候他偷偷潜逃。曾做过教师和记者，并写了一部自传。他的一生都在为解放黑奴和争取黑人与白人的平等而战斗。

弗雷德里克·道格拉斯（1817—1895年）1889 年至1891 年，他曾是美国驻海地的总领事。

维克托·舍尔歇颁布的废奴法令终结了奴隶制度，人们欢欣鼓舞

法国奴隶制度的废除

维克托·舍尔歇（1804—1893年）是一名共和国战士，也是法兰西第二共和国政府的一员（1848—1851年），1848年4月27日他起草的法令《即刻并完全废除奴隶制》正式签署。该法令规定对奴隶主给予补偿，但获得自由的奴隶没有获得土地，也没有补偿金。

北方的士兵为一名女奴解开锁链

阅读《解放黑人奴隶宣言》

南北战争的起因

美国北方以发展工业为主，需要大量的劳动力和土地，所以他们宣扬废除奴隶制度。而南方则是种植园经济，反对废除奴隶，并且要求自治。

战争的结束

1863年，林肯总统颁布了解放所有黑人奴隶的宣言。这对北方最终取得战争胜利非常有利。两年之后，这场造成了六十万人死亡的战争终于结束（美国当时总人口是三千一百万）。

1848 年

3 月底，岛上的人们听说 2 月 25 日**共和国**宣告成立（乘船横渡大西洋需要一个多月的时间），许多人正在巴黎为解放奴隶而奔走！这个消息迅速传播开来，在城市和种植园区都引起了骚动。在圣布里斯种植园，新的管家感觉就像坐在了一座火山上。他想让奴隶们停下工作，和他谈谈。一些奴隶想要马上得到薪水，而另一些已经准备离开。

共和国： 此处指法兰西第二共和国，持续到 1852 年。

“你们要去哪里？”管家问道。

“只要是自由身，随便去哪里都行。”西蒙喊道。

“再也不要看到这个种植园啦。”其他人附和道。

平日要照看孩子的妇女们往往更加现实。在她们的帮助下，耐心的管家说服了这些奴隶，告诉他们只有留在圣布里斯才能吃住不愁，前提是他们要重新工作，然后等待新政府的下一步政策。眼下，他提议白天多休息一小时，也承诺在正式发工资之前先发一些钱。

别处的谈判可没有那么顺利。一些种植园里，奴隶

们要么逃跑，要么罢工。各处都在发生冲突，事态也在不断升级。社会的稳定越来越难以维持。

大暴动终于发生了：3月22日，约瑟夫遇到了一波占领了圣皮埃尔的游行示威人群，他立刻想要加入游行队伍，结果却和正退回来的游行队伍撞了个正着。

“发生了什么事？怎么回事？”

好几个人都在回答他，但是喧闹中根本听不见彼此的话，只有一声声震耳欲聋的口号响彻天际：

“马上废除！市镇议会要求市长——马上废除奴隶制度！”

狂热的游行示威者兴奋地叫喊着、歌唱着离开了圣皮埃尔。约瑟夫又去找提·塞缪尔，儿子刚刚结婚不多时，不敢离开他马上要生产的妻子。一进门，只有他的儿子前来迎接，因为虚弱的安内特看上去已经支撑不住她的大肚子了。

“啊，我的孩子，终于快熬到头了！废除奴隶的法令迟早会颁布的！”他转向儿媳妇的肚子，“我的小孙子，你再等一等，不久就可以降生在一片自由的土地上了！”

“嘘，爸爸，”安内特笑着说，“你会吓到他的，他还一点都不想出来呢！”

提·塞缪尔激动得不知道是拥抱爸爸还是拥抱妻子。

但是高兴得太早了：由于一些误会和错误，游行爆发了暴力冲突，骚乱又起，人们开始屠杀无辜，这天以血洗而告终。

经过市镇议会的投票，仅在第二天，政府就正式宣布废除马提尼克岛的奴隶制度。同一天，提·塞缪尔和安内特家诞生了一个女婴，取名为丽贝特（法语中表示“自由”）。

6月3日，当马提尼克岛的代表从巴黎回来时，宣布4月27日在巴黎投票通过了废除奴隶制的法案，并且这个法案将在6月27日生效——一切终于结束了！

尾声

五年之后，有人敲约瑟夫家的门。他打开门后吃了一惊，把这个气喘吁吁的来访者端详了好一阵子。他觉得这个人似曾相识，但是在哪里看过呢？什么时候呢？

“啊，叔叔，我就知道你认不出我了。我是皮埃罗，是你的表兄吕西安的儿子。”

“皮埃罗，是你？”约瑟夫感叹道。这是吕西安的儿子！

他把他揽进臂弯，激动地抱着他，然后松开，想要好好地看看他。

“上次我见到你的时候，你还是个小孩子。就在你父亲去世之前，他那时希望我能去见他……”

约瑟夫情绪激动，哽咽得说不下去了。皮埃罗也用这静默和忧伤向他表示感激之情。

“勇敢的吕西安，他从这里跑了，为了自由不惜一切，连家也抛弃了。正是这个原因他才这么晚结婚。你比提·塞缪尔小，而吕西安的年纪比我还大。啊呀，都是我一直在说个不停，轮到你了，你也来说说吧。你怎么样了？奴隶制废除以后，很多奴隶的后代都离开了小岛，你没有吗？”叔叔有些吃惊地说。

“我离开了，”皮埃罗回答道，“我们没什么好怕的，现在整个国家都自由了，不只是小岛！我确实应该来看看你和提·塞缪尔的，但是我还要照顾母亲，我们去了平原，和她的族人一起居住。”

“我明白。在那边，你的工作轻松吗？”

“刚开始的时候是，之后几年……”

“怎么说？”

“之后几年一点都不好。在种植园和烧酒厂干活赚的钱仅够糊口，就跟做奴隶的时候差不多！”

“怎么会这样？！哎，这样的生活真是不易……”

劳动登记簿：在 1852 年，劳工必须向政府申请一种本子，上面登记着他们的工期。

“是的，这都是因为我们没有权利！不久前我还被抓了，就因为我没有**劳动登记簿**！”

“然后呢？”约瑟夫很担心地皱起了眉头。

“然后，他们想把我丢进牢里，就像流浪汉一样！我成功地逃到这里来了。”

约瑟夫这次大笑着说：“你果然是你父亲的儿子！

现在你要去哪里？”

“既然奴隶制回来了，我也回小岛了。”

“但这不是奴隶制！只是法国的共和制结束了，现在是**法兰西帝国**，所以我们又没有自由了！”

法兰西帝国：拿破仑三世统治的第三帝国1851年至1870年。

“只是白人和有钱人才有自由！我要走了，我跟你说，千万不要相信白人，这就是我父亲的教训，他是对的……”

“自由，平等，博爱……”约瑟夫思考着，“这是共和国曾经提出的宣言，多么美好啊！它们还会降临法国吗？可能那天我已经不在了，但是我的子孙还在。这一点，我始终坚信。”

约瑟夫是正确的：当法国重新变成共和制，“自由、平等、博爱”再次恢复，只是他已经死去了很久，连提·塞缪尔也老了。但是要将这句宣言真正实现，前方仍然有长路要摸索，仍然有障碍要跨越，仍然有斗争要进行……

贩卖奴隶带来的恶劣影响，长期以来，一直被人为地掩盖。于是欧洲或美国的一些白人始终坚持己见，认为黑人是不同的人种，甚至认为是低等人种。这样种族主义的思想就体现为最糟糕的种族隔离制度和种族歧视。

反人道的罪行

2001年5月10日，法国承认奴隶制和奴隶贩卖是违背人道主义的罪行。

1870年在斯特拉斯堡重建的非洲村落

“‘自由、平等、博爱’……但是要将这句宣言真正实现，前方仍然有长路要摸索，仍然有障碍要跨越，仍然有斗争要进行……”

殖民博物馆

20世纪初在法国建立，把非洲当作原始社会向公众介绍。

殖民主义

在19世纪末，欧洲人控制了整个非洲。他们居然用“未开化的野蛮社会”来为自己的征战和殖民辩护！

一幅带有种族主义的广告画

一种种族歧视的观念就是把黑人视作孩童（正如这幅20世纪初的广告画所展示的），白人则自视为其父母，对只想玩耍的孩童应施以教育。

三 K 党

美国南北战争后，1867 年在美国南部出现了一个秘密的种族主义代表性组织。该组织通过对黑人采取恐怖手段，以阻止其实行权利。

3K 党成员集会

种族隔离

从 1880 年开始，种族隔离政策就在美国生根发芽。黑人和白人分别拥有各自的学校、教堂、餐馆……他们在各自的领地生活，互不接触，从不分享任何事物。

1950 年，在北卡罗来纳州，黑人白人的盥洗盆都有所区分。如图，标有“colored（英文）”的盥洗盆供黑人使用，标有“white（英文）”的盥洗盆供白人使用。

种族隔离政策的结束

美国的种族隔离政策在一点一点地消失。在一些联邦国家和强有力的反抗运动的推动下，种族隔离被打破，首先是 1948 年在军队中，接着是六七十年代在平民社会中。

马丁 · 路德 · 金

这位美国黑人的领袖于 1929 年生于美国南部，领导非暴力运动，要求结束种族隔离。1964 年获得诺贝尔和平奖，1968 年被暗杀。

每年一月的第三个星期一，是美国的马丁 · 路德 · 金全国纪念日

从历史到小说

历史的见证

奴役非洲人并将他们贩卖至大西彼岸的那段历史，凡是对此感兴趣的人都会面临一大难题：遭受此罪行的当事人无法现身说法，因为他们几乎都不会写字！只有一些欧洲旅行者留下了极少数的文字资料和一些物件被遗留下来（捆绑俘虏的长树杈、贩卖黑奴的商船平面图）。商人的账目本也帮助我们拼凑出这段历史，以及整个奴隶贸易的组织结构。关于奴隶们在乡间或是城市的生活，通过殖民者的信或遗传下来的财产就可以了解到。

哈里特·比彻·斯托（1811—1896年）
这位小说家出生于北美一个坚持反对奴隶制的家庭。她创作的《汤姆叔叔的小屋》，揭露了南方黑奴受到的非人待遇。这部小说是美国第一部销售量超过百万册的小说。

自19世纪开始，在很长一段时间里，有一些奴隶——一些被解放的，抑或是一些受过教育的奴隶——书写了一些关于他们生活的故事。例如，有一个叫弗雷德克·杜格拉斯的美国奴隶，他是一位主张废除奴隶制的热血战士，在1845年发表了他的自传，见证了奴隶制如何废除的这一段历史。这也成为后来很多小说家和哲学家们惯于探讨的主题。

反奴小说的创作

在19世纪前，欧洲作家对奴隶的

命运并不感兴趣。孟德斯鸠、伏尔泰(《老实人》，1759年)、格雷古瓦教士是最早在自己的作品中批判奴隶制的作家之一。在接下来一个世纪里，维克多·雨果在他第二部作品中也涉及这个主题(《布格·雅尔加》，1826年)。

帕特里克·沙穆瓦佐(生于1953年)和让·贝尔、拉斐尔·孔菲昂一起创作了《克里奥尔的颂歌》(1989年)。

那部声名远播的宣扬反奴隶制的小说来源于美国：哈里特·比彻·斯托的《汤姆叔叔的小屋》(1852年)。这部书的成功极大地推动了美国乃至整个世界的反奴隶制运动。

作家的立场

我们的目标是带来一场二维的时空之旅：空间上，从非洲到美洲；时间上，从奴隶制兴起到奴隶制废除。

因此有必要追溯好几代人的生命历程。奴隶制的历史是痛苦的，同样也是让人愤慨的，为了让读者更好地理解，我们选择从那些有切身体会的人的视角讲述。

这是一种冒险的举措，因为就像之前说过的，关于奴隶的历史资料很少能保留下来。因此，为了更好地尊重历史的严肃性，我们参考了许多专家的著作，但是为了营造这个虚构故事的氛围、情感以及人物的反应，我们受到如下有历史资料依据的小说的启发，安德烈·施瓦茨·巴尔的《孤独的混血儿》(1967年)、玛丽斯·孔戴的《塞古》(1984—1985年)、帕特里克·沙穆瓦佐的《老奴隶和牧羊犬》(1997年)和弗雷德里克·道格拉斯的《令人震惊的论据》(1845年)。

奴隶制的回忆录

从20世纪起，安的列斯的作家(艾美·色萨尔、弗朗兹·法侬、艾杜尔·格里桑、玛丽斯·孔戴、拉斐尔·孔菲昂、帕特里克·沙穆瓦佐……)开始大量研究这一既令人思考又能启发世人的苦难历史的根源。对于他们大多数人来讲，祖先们关于奴隶制的记忆是安的列斯人或克里奥尔人的身份的主要构成之一。

图片来源

20 中：贝宁城，古贝宁王国首都，据达佩尔所述绘制
（布朗利河岸博物馆，巴黎©法国国家博物馆联合会）

21 中：多贡人的弓箭
（邦贾加拉© AKG/维尔纳·福尔曼）
上：尼日尔河
（马里©安魁图片社/P. 布尔塞耶）
右中：溪边的瘤牛
（©读图时代图片社/塔维尔）
下：马里曼丁族村庄
（©安魁图片社/安格/布鲁诺·莫朗迪）

32 上：拉罗谢尔港图景
（约瑟夫·韦尔内油画作品，1762年，巴黎©法国国家博物馆联合会藏品）
右：贸易珠
（P. 吉尼乌© P. 列日尔/伽利玛）
中下：南特某黑奴贸易商的标志
（大理石制品，18世纪，勒费弗尔酒庄©达戈利·奥尔蒂）

33 上：短刀，进行奴隶贸易的货品，上面刻字：卡森尼尔于南特
（布列塔尼公爵堡博物馆藏品，南特城市博物馆保存底片）
下：戈雷堡
（17世纪版画，非洲及大洋洲艺术博物馆藏品，巴黎©布里奇曼－吉罗东艺术图书馆）

44 左：甲板上的反抗
（图书插图，法国国家图书馆）
下：黑奴贩卖船只剖面图
（水彩画，J. H. 贝尔纳丹·德·圣皮埃尔，18世纪，巴黎阿尔塞纳图书馆藏品©布里奇曼－吉罗东艺术图书馆）

45 上：黑人在甲板上跳舞
（图书插图，伽利玛出版社存档）
中：贩卖黑奴的船只平面图
（18世纪版画，非洲及大洋洲艺术博物馆藏品，巴黎©布里奇曼－吉罗东艺术图书馆）
下：奴隶镣铐
（19世纪©布里奇曼－吉罗东艺术图书馆）

56 左：在古巴收割甘蔗
（木刻版画，19世纪© AKG）
中：甘蔗
（馆际藏品，N. 温茨©努沃·卢索耶）

57 上：瓜德罗普的制糖奴隶
（节选自水彩画《新甘蔗贸易》，Th. 哈贝尔·德·拉什奈，1807年，法国国家科学院藏品，巴黎©布里奇曼－吉罗东艺术图书馆）
中：安提瓜的朗姆酒蒸馏机
（图书插图，W·克拉克，1823年，英国图书馆，伦敦©布里奇曼－吉罗东艺术图书馆）
右下：大块的蔗糖
（©安魁图片社/C·戴雷阿尔/让·玛丽·惠兹）

66 中：由黑人服侍的白人夫妇
（石印画，出自《巴西风景与历史之旅》，1839年，J.B. 德布雷，法国国家图书馆藏品©布里奇曼－吉罗东艺术图书馆）
下：路易斯安那州新奥尔良的拉法耶广场
（图书插画，1850年©街区档案馆/格兰杰藏品）

67 右上：殖民建筑博物馆内部
（古巴©安魁图片社/M. 雷诺多）
中：瓜德罗普的塞瓦略斯家族的殖民地房屋
(©安魁图片社/瓦伦丁 C & E)
右下：佛罗里达州的奴隶屋
（图书插画，1878年©卡宾斯图片社/贝特曼）

76 惩罚奴隶的监牢
（出自《巴西风景与历史之旅》，1839年，J.-B. 德布雷，法国国家图书馆藏品©布里奇曼－吉罗东艺术图书馆）
中：被惩罚的奴隶

（图书插画，18世纪，布朗利河岸博物馆，巴黎©法国国家博物馆联合会/J.G. 布里兹）

77 左上：奴隶的铁项圈
（出自《巴西风景与历史之旅》，1839年，J.-B. 德布雷，法国国家图书馆©布里奇曼－吉罗东艺术图书馆）
右上：鞭刑
（出自《圣梅思曼市夏尔·B·费弗雷区住宅平面图》，圣多明各联合博物馆，布雷朗古尔©法国国家博物馆联合会/G·布洛）
右下：逃亡者
（插画，法国国家图书馆藏品，巴黎）

88 左上：1885年H.S.M. 奥斯佩雷逮捕的黑奴贸易船
（水彩画，作者不详©布里奇曼－吉罗东艺术图书馆）
中：杜桑·卢维杜尔，圣多明各起义领导人
（图书插画，法国国家图书馆，巴黎©法国国家博物馆联合会/布洛兹）

89 上：1802年9月16日，圣多明各黑奴起义
（图书插画，法国国家图书馆藏品，巴黎）
中：29岁的威尔伯福斯
（油画，J·瑞辛，威尔伯福斯故居，赫尔城博物馆及艺术画廊©布里奇曼－吉罗东艺术图书馆）
右下：我的自由——废除奴隶制
（版画，18世纪，巴黎装饰艺术图书馆©法国国家博物馆联合会/布洛兹）

100 左：毕塞特肖像
（版画，法国国家图书馆，伽利玛出版社存档）
中：仲马将军
（油画，奥·比查，维莱科特雷大仲马博物馆藏品© AKG/B·阿里戈尼）

101 中：伏都教雕像，贝宁丰族文化
（本·哈勒尔藏品，纽约© AKG/W·福尔曼）
上：黑人乐队
（彩色影印明信片，1893年© AKG）
下：安第斯山脉的班步拉舞会
（油画，L-H. 加尔南，19世纪，拉罗谢尔新世界博物馆©达格力·奥蒂）

112 左：葛底斯堡战役
（插画，1863年，C. P. 圣东©布里奇曼－吉罗东艺术图书馆）
中下：弗雷德里克·道格拉斯
（拍摄日期不详©哥伦比亚大学/美联社）

113 左下：北方的士兵为一名女奴解开锁链
（南卡罗来纳州，卡宾斯图片社/贝特曼）
右下：阅读《解放黑人奴隶宣言》
（油画，W·托勒曼，1863年©布里奇曼－吉罗东艺术图书馆）
上：法国奴隶制的废除
（油画，F·毕亚尔，凡尔赛特里亚农博物馆©法国国家博物馆联合会/G·布洛）

122 上：1870年在斯特拉斯堡重建的非洲村落
（©罗吉尔·维奥莱特）
下：一幅带有种族主义的广告画
（Banania 品牌广告©李曼哥图片社）

123 上：3K党成员集会
（格鲁吉亚，1954年©卡宾斯图片社/贝特曼）
中：水池
（北卡罗来纳州©曼尼姆/E·埃尔维特）
下：马丁·路德·金
（1961年5月1日©盖帝图像/P·舒斯特尔）

124 哈里特·比彻·斯托
（©卡宾斯图片社/赫尔顿图片社）

125 帕特里克·沙穆瓦佐
（©伽利玛出版社/J. 萨西耶）